# 現代四柱推命學

三空 曺誠佑 著

明文堂

察色如神在我東
豫言百合是三空
道心近佛令名振
筆力勝古碩士同
哲學上承程子跡
靈通猶及李淳風
惟君著述觀相訣
現代推命遺大功

著者 三空法師

曹誠佑清玩

甲子小暑 青岡金炯達

自疆不息

先見之明

甲子小暑

箸者王空曺誠佑

現代四柱推命學

# 自序

科學文明은 最高度로 發達하여 마침내 宇宙時代가 全盛하고 있는 이 싯점에서 運命論을 云

云한다는 것은 마치 어리석은 일이라고 생각하는 사람들이 많다. 그러나 이것은 그 분야에 無

知한데서 비롯한 것이라 하겠다.

科學은 현실계의 물질을 앞세우지만 推命學은 精神哲學이며 과거나 현재 또는 미래를 豫知

할 수 있는 東洋哲學의 周易(易經)으로 科學을 能過한다. 個人 運勢는 물론 社會와 國家運 全

世界를 손바닥에 놓고 예언할 수 있다. 宗敎・經濟・道德 어떠한 難題라도 풀이할 수 있다고

확신한다.

筆者는 30여년간 易을 지팡이삼아 전국 방방곡곡을 비롯 日本・美國을 순례, 초청을 받아

강의를 하면서 白・黑・黃人種을 鑑定한 바 있으며, 易學이 아니면 도저히 엄두도 내지 못할

日刊新聞(日刊스포츠)에 十五年간 四千五百餘回에 걸쳐 금일의 운세를 연재하고 있다.

本書는 偏正의 二元論과 五行의 相生相剋과 通變의 理數로써 長生法(天干)을 三柱로 分斷

하게 된 것이 특징이며, 아무리 초보자라도 몇번 讀訟하면 이해할 수 있게 하였다. 더불어 좀

더 쉬운 이해전달을 위하여 저 유명한 快傑 故 金斗漢 議員의 四柱를 주인공으로 삼고 풀이

하였다.

그분의 四柱는 戊午(一九一八)年 五月 十五日 丑時가 되니 戊午年 戊午月 辛丑日 辛丑時로 大運五五로서 天干과 地支가 比肩과 印綬로서 남다른 영웅 기질을 타고 났다. 특히 水氣가 없고 金土가 왕성하며 用神은 水가 되고 忌神은 金이 된다. 一九六八年도에 刊行한 《相法全書》에는 金議員의 實證則、人相學으로 다루어 수록하였다. 특히 金議員과는 각별한 인연이 있었던 바 이번 本册에 주인공으로 삼게 된 것이다.

끝으로 筆者가 著述한 《觀相大典》·《相法全書》·《手相大典》·《命理運道歌》·《三空易數四字評》·《畫四字評》에 이어서 本册을 發刊하기까지는 오로지 華章恩師님의 배려와 또한 出刊을 맡아 주신 明文堂 金東求 社長님의 적극적인 厚誼에 힘입은 바 크며, 특별히 두 분께 깊은 謝意를 表하는 바이다.

또한 江湖諸賢의 지도 편달을 바라는 바이다.

甲子 小暑 雙龍精舍布敎院에서

三空法師 曹 誠 佑 識

各人의 生年月日時를 기준하여 富貴貧賤壽夭와 吉凶休咎 등을 推理判斷하는 學問을 一般的

으로 四柱學 또는 占命學이라 한다. 그런데 이 四柱學에는 여러가지 종류가 있는 바, 즉 唐

四柱・唐畫周易・命理正宗・滴天髓・淵海子平・窮通寶鑑・三命通會・河洛理數・五條訣・紫微

斗數・奇門學 등 그 밖에도 數種이 더 있는 것으로 안다.

이 많은 四柱學問 가운데 어떤 學術이 가장 確率的인가에 대해서는 言及을 避하거니와 다

나름대로의 特性이 있고 長短點이 있는 것은 두말할 여지가 없다.

本人은 다만 奇才 三空法師 曺誠佑 先生이 編著한 本 册子에 대해 몇 마디 하고 싶은 心情

이 간절하여 서슴없이 펜을 잡았다.

本書의 原傳은 子平書이다. 年月日時 干支에 따른 陰陽五行의 生克관계를 論한 것은 他書

와 마찬가지이나 本書에서 特히 강조하고 있는 것은 生日日干을 爲主하여 年月時干과의 관계

를 宿命星이라 하고, 年月日時支에 藏干관계를 藏干宿命星, 그리고 이에 十二補助星을 내어

吉凶神殺을 판단하는게 他書와 다른 點이다.

事實 他書의 경우를 보면 身强 身弱이며, 抑扶・調候・通關이니, 用神이니 혹은 무슨 格이

니 하여 아무리 專門的인 知識을 갖춘 이라도 判斷基準이 아리송하여 身强인지、身弱인지 무엇으로 用神해야 하는지 또는 무슨 格을 놓아야 하는지를 自信있게 알기가 어렵다。學術的인 誤謬가 아니라 그만큼 應用하기가 甚難하기 때문이며 자칫하면 엉뚱한 판단을 내려 被鑑定者로하여금 적지 않은 被害를 주기가 쉬우므로 意圖的이 아닌 잘못을 저지르는 수가 적지 않다。

어떤 學術을 근거로 하건 完全히 터득하여 通徹한 實力에 依한다면 曰可曰否할 필요는 없지만 理論的인 타당성에 유혹되어 深奧한 學問의 뜻도 모른 채 수박 겉핥기 식으로 推理하는 것보다 차라리 가장 判斷基準이 모호하지 않은 學術에 의거한다면 比較的 確率的인 鑑命을 할 수 있으리라 생각한다。

그래서 本 册子를 江湖諸賢에게 勸하거니와、册子의 內容에 記述된 것만을 잘 터득한다면 가장 正確한 判斷이 될 것이다。

曺誠佑 先生은 斯學의 權威者이며 일찌기 《相法大全》·《手相大全》 등 많은 册子를 著述、그 著書로써의 人氣가 높은 것은 물론 推命家로서도 名聲이 자자함은 하루 이틀에 쌓아올린 功果가 아니고 二十餘年을 친절과 奉仕 그리고 信賴받는 人格者이기 때문이 아닌가 생각한다。

이왕이 方面의 學術에 관심있는 분이라면 꼭 이 册子를 읽고 터득하여 過去·現在·未來를 鑑定해보시라。果然 推薦의 말이 헛되지 않음을 깨달을 줄 믿으며 삼가 권하는 바이다。

甲子歲

雲鳳 韓 重 洙

目　次

# 第一章　緒說

古今과 東西洋을 통하여 占命을 다룬 學問 가운데 그 어느 學說보다도 的中率이 가장 높은

것은 이 四柱推命學이라 할 수 있다.

왜냐하면 四柱推命學은 그 이론이 정연함은 물론이고 실제로 推命해 본 결과에 의해도 過

去·現在·未來의 現象이 정확하게 적중하고 있는 까닭이다.

筆者는 斯學界의 類인 《觀相大典》·《相法全書》·《手相大典》·《命理運道歌》 및 大經文인 《玉

樞寶經》 등을 이미 著述한 바 있는데 이들 著書의 내용 중에 命學의 기초인 五行의 相生相克

의 원리와 陰陽의 偏正論에 대해서 詳述한 바 있다.

稀代의 風雲兒였던 故 金斗漢氏는 그가 自由黨 執權當時 국회의원으로 있으면서 國會議事堂에서 汚物을 뿌린 事件으로 인하여 국내는 물론 전세계에까지 화제의 주인공이 되었던 것을 모르는 사람은 없다.

抗日鬪士인 金佐鎭 장군의 아들로 태어났으나 부친 金佐鎭 장군은 滿州 등지로 다니며 抗日活動에 여념이 없었던 고로 실상 고아나 다름 없는 신세가 되어 교육과정도 제대로 마치지 못한채 주먹세계에서 주름잡다가 國會議員까지 되게 되었던 快男이며 豪傑인 金斗漢氏의 四柱를 예로 하여 이 推命學的 理論으로 證驗하면서 推理해 보기로 한다.

金斗漢議員의 四柱(生年 生月 生日 生時)는 戊午年 戊午月 辛丑日 己丑時로 즉 西紀 一九一八年(戊午) 五月 十五日 丑時生이다.

다음과 같이 表出해 본다.

年柱　戊午　印綬　病
月柱　戊午　印綬　病
日柱　辛丑　己身　養
時柱　己丑　偏印　養

이 四柱를 간단히 설명하면 다음과 같은 誘導力이 있다。

年에 印綬、月에 印綬、時에 偏印星을 만나고 補助星은 年月에 病、日時에 養을 만났다。年月佩印이라、祖上 및 父母宮에 인수를 만났으니 당연히 名門家의 子孫이오 그 부친(부모)은 훌륭한 (名聲이 쟁쟁한)분이라 하겠다。뿐아니라 印星이 透明하여 본인 자신도 天品이 총명하고 淸直하며 不義를 싫어하고 正을 위해서는 身命을 아끼지 않는다。본래 學問을 많이 배우지 못한 것은 土多金埋가 되어 辛金이 빛을 제대로 발휘하지 못한 탓이다。그러나 이름을 一世에 振動하였으니 이는 日時 두 丑中辛金이 土中에서 은근히 빛을 발휘하여 日主辛金을 補助함이고 또 日時의 補助星인 丑이 養을 띄움이다。養의 本質은 萬物을 培養하는 義이니 發展伸張을 의미하는 星이다。그리고 소년에 고아나 다름 없이 漂流하며 훌륭한 부모를 두었으나 직접적인 덕을 보지 못하고 주먹 세계에 들어 숱한 逆境을 겪으면서 鬪爭生活을 한 것은 年月支의 補助星이 凶神인 病宮에 臨한 까닭이다。辛金은 珠玉에 비유함이라、비록 珠玉의 金이나 匠人의 손에 다듬지 않으면 寶玉이 될 수 없다。幸히 午月의 午火를 만나 단련되었으니

金으로서의 가치를 제대로 발휘하여 국민의 選良이 되었던 것이다.

그러므로 四柱推命學은 宿命星과 補助星、大運과 行運에 依하여 그 사람의 人品、성공의 可

否、운세의 吉凶을 判別하게 되는 것이다. 宿命星이란 生年月日時에 의한 六親星(즉 印綬 正

官 七殺 등)을 말함이고 補助星이란 十二運性 즉 胞・胎・養・生・帝旺 등을 말함이며、大運

이란 大運算出法(下記)에 依한 十年운이고 行運이란 그해 그해의 歲運 즉 太歲를 말한다.

本 推命學에서는 從來 많이 보아오던 四柱推命學의 宿命星의 暗示、補助星의 說明에서만 그

치는 게 아니고、生日을 기준으로 하는 宿命(前世에서의 定해진 운명)과 運命(사람의 의지나

노력보다는 자연적인 여건에 의하여 幸不幸의 작용이 되는 것 즉 大運)、그리고 行運(每年의

誘導力)에 의하여 判斷할 수 있도록 記述하였다.

다시 말해서 인격과 재능은 宿命이오 逢着되는 環境은 大運이며、기회는 行運이니 이 三者

가 一體를 이루어야만 十分 力量이 발휘되는 것임을 알아두어야 한다.

第二章　基礎的　常識

# 一、 四柱推命學이란?

이 四柱推命學의 論理의 根據는 淵海子平書에 依한 것이다。 그래로 子平書라고도 하는데 宋

나라 때 人物인 徐均이 著述한 冊子로 종전 唐代까지 年柱를 爲主하여 推命해 오던 것을 日

干을 爲主로 하여 命學의 完全한 體系를 갖추었다。

사람이 태어난 해(生年)를 年柱라 하고, 태어난 달(生月)을 月柱라 하며, 태어난 날(生日)

을 日柱라 하고, 태어난 시(生時)를 時柱라 하는 바, 이 生年 生月 生日 生時의 年柱 月柱 日

柱 時柱를 합칭 四柱라 한다。

그런데 甲子에서 癸亥까지를 六十甲子라 하는 바 이 六十甲子는 每年 每月 每日 每時를 循

環하게 되어 있다。 고로 출생한 年月日時에 그에 당하는 六十甲子를 記入하여 이를 四柱라

하고 이 해당되는 六十甲子 즉 四柱의 干支는 곧 그 사람의 운명을 판단하는 關鍵이 된다。

다시 말하자면 個個人이 타고 난 生年月日時로써 宿命과 운명 등을 推理判斷하는 학문을 四柱

推命學이라 한다。

生年月日時를 기본으로 하여 풀이해 보는 占命法은 서양의 占星術을 비롯하여 여러 가지 방

식이 있으나 干支淘宮術・天源術은 懷妊한 날짜를 기초로 하였으므로 一般的이 아니어서 정

확하지가 못하다。 또 西洋의 占星術・氣學에 의거하여 每月 每週의 運勢 등을 기재하고 있는

데 이는 太陽의 위치로써만 判斷하도록 되어 있으므로 정확을 구하기가 어렵다。故로 정확한

推命을 하려면 올바른 生年月日時를 바탕으로 해서 이에 밝은 專門家에게 鑑定을 의뢰해야만

될 것이다。

이상의 占命術에는 世界의 社會現象・氣象狀況 등을 판단할 수 있는 장점이 있긴 하다。그

러나 個人의 운명을 的中率 높게 판단하려면 四柱推命學만이 可能한 것으로서 宿命的인 星

(年月日時의 干支)에 의하여 개인과 사회 환경에 관련되는 운세를 명확히 判別할 수 있는 學

術이라 하겠다。

## 二、 生年月日時의 暗示

사람의 生年 生月 生日 生時는 각각 다음과 같은 운세의 유도력을 暗示하고 있다。

① 生年(年柱)＝육친관계로는 두 父母 또는 祖上에 해당되며 流年으로는 幼少年期 즉 出生
後 十五세까지의 운세와 환경 등을 본다。고로 年柱에 吉星이 있으면 부모의 혜택으로 어려
서 호화로우며 운도 순조롭다고 판단한다。凶星이 있으면 이와 반대다。

② 生月(月柱)＝육친관계는 兄弟姉妹요 流年으로는 靑年期 즉 十六歲부터 三十歲까지의 운
세의 좋고 나쁜 것을 본다。역시 月柱의 吉凶星으로 幸不幸을 판단한다。

③ 生日(日柱)＝日干은 自己요 月支는 配偶者이며 流年으로는 中年期 즉 三十一歲부터 四

十五歲까지의 吉凶을 본다.

④ **生時**(時柱)＝육친관계로는 子息宮이고 流年으로는 老年期 즉 四十六歲부터 死亡日까지에 해당되는 바 이것에 해당하는 星으로 子息의 德 有無며 老年(末年) 운세의 強弱이며 幸不幸을 推理한다.

年(年柱)　兩親　少年期(出生~十五歲)

月(月柱)　兄弟姉妹　青年期(十六~三十歲)

日(日柱)　配偶者　中年期(三十一~四十五歲)

時(時柱)　子息　老年期(四十六~六十歲)

年月日時로 분류한 各柱에는 각각 그에 해당하는 宿命星(干支에 依한 六親)과 補助星(十二運星) 및 吉凶神殺이 있다. 그래서 이 各柱의 임하는 吉星 또는 凶星의 暗示에 의하여 吉하다. 또는 凶하다 大別하지만 엄밀히 추리하면 이 정도의 판별법이란 비유하건데 운세의 집을 짓는 터(土壤—基地)에 불과하다.

대개의 경우 占命法에는 그 體만 論하고 用은 說하지 않았으므로 斷的으로 「吉하다」「凶하다」하고 단호하게 決定하는 방식으로 보는 例가 一般的이라 하겠으나, 실상은 그렇지가 않은 것이니 비록 좋은 星辰이 임했다 해서 좋은 運의 作用을 하는 것만이 아니고 도리어 逆으로 作用될 수도 있는 경우가 많으므로 전체적인 四柱構成의 狀況을 잘 判別해서 推斷해야만 한다. 즉 바이오리즘(運勢의 盛衰)과 밸런스(均衡)의 二元을 重視하여 體用을 아울러 詳細히 살펴 推理해야만 正確한 鑑命이라 하겠다。

## 三、命式의 意味

四柱推命學에서는 生年月日時의 四柱를 「命式」이라고도 한다。

이 命式을 작성하는데 가장 중요한 것은 戶籍上의 記錄과는 관계 없이 어디까지나 실제로 태어난 生年月日時에 의하여 作成하는게 원칙이다。혹 出生한 時를 모르는 경우는 生年 生月 生日의 三柱만으로도 推理할 수 있으니 時를 모른다 해서 推命할 수 없는 것은 아니다。

四柱中 生日을 日柱라 하는데 가장 중요한 柱가 된다。그리고 이 日柱를 宿命的으로 크게 左右하는 것이 生月이니 日柱와 生月關係를 잘 考察해야 한다。

이 四柱推命에 의하여 당신의 性格・職業・金錢運・結婚運(結婚과 戀愛의 해)・肉親관계・健康・子息運・出生한 환경 및 과거・현재・미래의 吉凶 등을 판단하는 것이며、또 당신의 宿命은 어떠하며 얼마만한 運의 吉凶을 지니고 있는가를 알아 보는 것이다。

## 四、陰陽五行에 대하여

四柱推命學은 陰陽五行의 「木火土金水」 五가지 元素와 十干과 十二支를 配合해서 各 星辰

을 붙여 判斷의 資料로 삼는다.

十干이란 甲·乙·丙·丁·戊·己·庚·辛·壬·癸의 열 가지로 이를 干 또는 天干이라고도

한다. 그리고 이 十干에는 陽干과 陰干의 구분이 있는 바 甲·丙·戊·庚·壬은 陽干이라 하

고, 乙·丁·己·辛·癸는 陰干이라 한다. 이 陰陽干을 육친 관계로 따지면 陽干은 兄이 되

고 陰干은 弟라 한다.

十干=甲·乙·丙·丁·戊·己·庚·辛·壬·癸

陽干=甲·丙·戊·庚·壬

陰干=乙·丁·己·辛·癸

十二支란 子·丑·寅·卯·辰·巳·午·未·申·酉·戌·亥의 열두 가지가 있는데 역시 陰

陽이 있고, 五行 方位 四季節 등의 소속이 있으며 각 月建과 시간을 나타내고 있다.

十二支=子·丑·寅·卯·辰·巳·午·未·申·酉·戌·亥

陽支=子·寅·辰·午·申·戌

陰支=丑·卯·巳·未·酉·亥

五行=亥子水　寅卯木　巳午火　申酉金　辰戌丑未土

方位=亥子丑北　寅卯辰東　巳午未南　申酉戌西

四節=寅卯春　巳午夏　申酉秋　亥子冬　辰戌丑未四季

十二支月=正寅　二卯　三辰　四巳　五午　六未　七申　八酉　九戌　十亥　十一子　十二丑

| 十二支 | 五行 | 陰陽 | 方位 | 四節 | 月建 |
|---|---|---|---|---|---|
| 子 | 水 | 陽 | 北 | 冬 | 十一 |
| 丑 | 土 | 陰 | 中 | 土用 | 十二 |
| 寅 | 木 | 陽 | 東 | 春 | 正 |
| 卯 | 木 | 陰 | 東 | 春 | 二 |
| 辰 | 土 | 陽 | 中 | 土用 | 三 |
| 巳 | 火 | 陰 | 南 | 夏 | 四 |
| 午 | 火 | 陽 | 南 | 夏 | 五 |
| 未 | 土 | 陰 | 中 | 土用 | 六 |
| 申 | 金 | 陽 | 西 | 秋 | 七 |
| 酉 | 金 | 陰 | 西 | 秋 | 八 |
| 戌 | 土 | 陽 | 中 | 土用 | 九 |
| 亥 | 水 | 陰 | 北 | 冬 | 十 |

時間＝子時－午後十一時～午前零時、丑時－午前一時～二時、寅時－午前三時～四時、卯時－午前五時～六時、辰時－午前七時～八時、巳時－午前九時～十時、午時－午前十一時～午後零時、未時－午後一時～二時、申時－午後三時～四時、酉時－午後五時～六時、戌時－午後七時～八時、亥時－午後九時～十時

그리고 十二支 가운데는 각각 干을 包含하고 있으니 이를 藏干 혹은 暗干、또는 暗藏이라 한다. 이에 대해서는 다음 項에 설명한다.

四柱推命學에서는 또 五行의 相生相克 관계를 중요시한다.

五行說이란 天地萬物의 一切를 木・火・土・金・水의 五元素로 분류하여 森羅萬象의 모든 變化理致를 解明한 理論이다. 즉 木은 火를 生하고 火는 土를 生하고 土는 金을 生하고 金은 水를 生하고 水는 다시 木을 生하는 바이 生하는 法則을 相生原理라 한다. 또는 木은 金에 被克되고 金은 火에 被克되고 火는 水에 被被克되고 水는 土에 被克되고 土는 木에 被克되는

**五行相生**

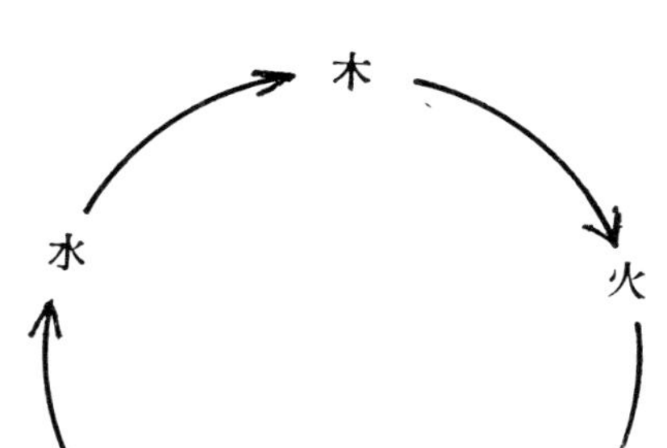


**五行相克**

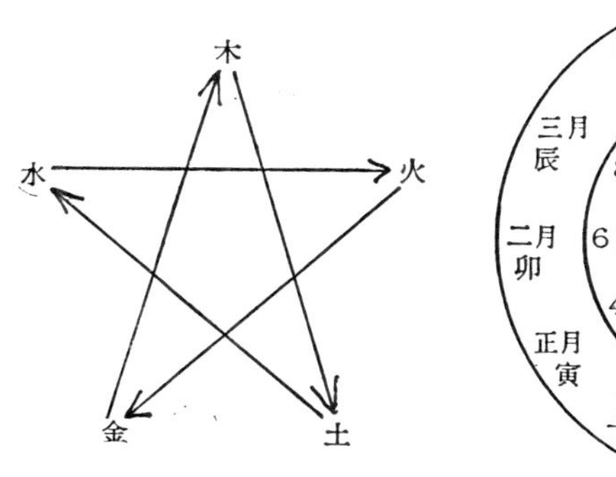


| 五行 | 水 金 土 火 木 |
|---|---|
| 方位 | 北 西 中央 南 東 |
| 四節 | 冬 秋 土用 夏 春 |
| 陽干 | 壬 庚 戊 丙 甲 |
| 陰干 | 癸 辛 己 丁 乙 |

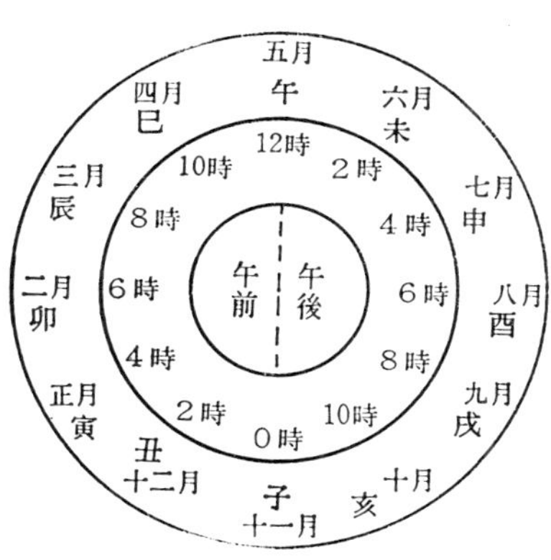

것이니 이 被克 관계를 相克原理라 한다。

五行星을 強하게 하는 것이 相生이고 弱化시키는 것이 相克이다。四柱推命學에서、相克 관계에 있을 때 他에 被克되는 五行을 힘을 잃었다고 한다。

## 五、相生相克의 干支

干支가 相生을 이루면 다음과 같은 것을 作用한다。즉 男女間의 相性・協力・援助・和合・親愛를 의미하는 바 다시 말하여 人間 관계의 圓滿、家族 관계를 平和에 불러온다。

| 五行 | 土 | 金 | 水 | 木 | 火 |
|------|----|----|----|----|----|
| 干合 | 甲 | 乙 | 丙 | 丁 | 戊 |
|      | 己 | 庚 | 辛 | 壬 | 癸 |

干合＝十干에는 서로 만나면 合이 되는게 있는데 반드시 陽干과 陰干끼리 이루어진다。즉 甲己가 合하여 土가 되고、乙庚이 合하여 金이 되고、丙辛이 合하여 水가 되고、丁壬이 合하여 木이 되고、戊癸가 合하여 火가 된다。

이 干合은 生日의 干과 他柱의 干이 干合되는 것을 重히 본다。

○干合圖

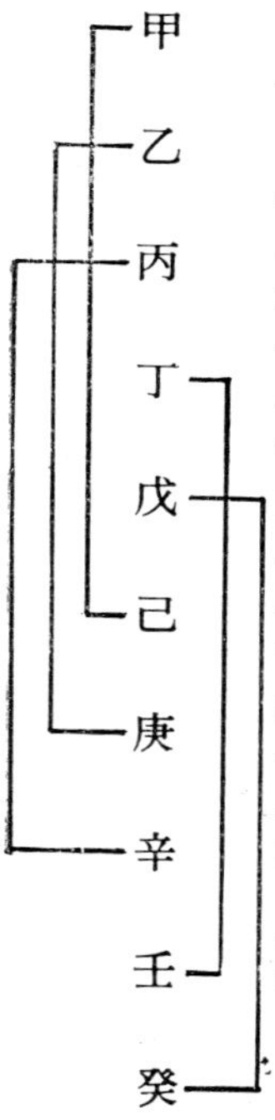

甲
乙
丙
丁
戊
己
庚
辛
壬
癸

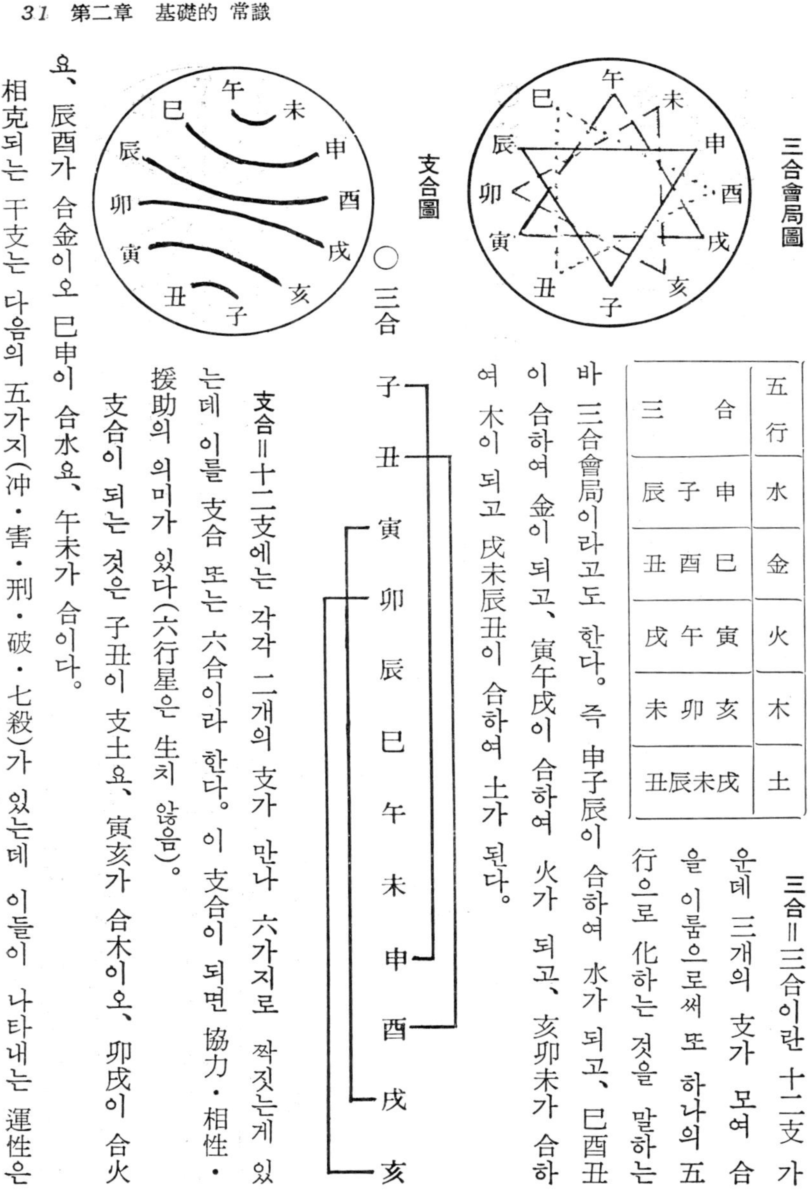

三合＝三合이란 十二支가 운데 三개의 支가 모여 合을 이룸으로써 또 하나의 五行으로 化하는 것을 말하는

三合會局圖

| 五行 | 三 合 |
|---|---|
| 水 | 申 子 辰 |
| 金 | 巳 酉 丑 |
| 火 | 寅 午 戌 |
| 木 | 亥 卯 未 |
| 土 | 丑辰未戌 |

바 三合會局이라고도 한다. 즉 申子辰이 合하여 水가 되고, 巳酉丑이 合하여 金이 되고, 寅午戌이 合하여 火가 되고, 亥卯未가 合하여 木이 되고 戌未辰丑이 合하여 土가 된다.

支合圖

○三合

子丑寅卯辰巳午未申酉戌亥

支合＝十二支에는 각각 二개의 支가 만나 六가지로 짝짓는게 있는데 이를 支合 또는 六合이라 한다. 이 支合이 되면 協力・相性・援助의 의미가 있다(六行星은 生치 않음).

支合이 되는 것은 子丑이 支土요, 寅亥가 合木이오, 卯戌이 合火요, 辰酉가 合金이오 巳申이 合水요, 午未가 合이다.

相克되는 干支는 다음의 五가지(冲・害・刑・破・七殺)가 있는데 이들이 나타내는 運性은

**相冲圖**

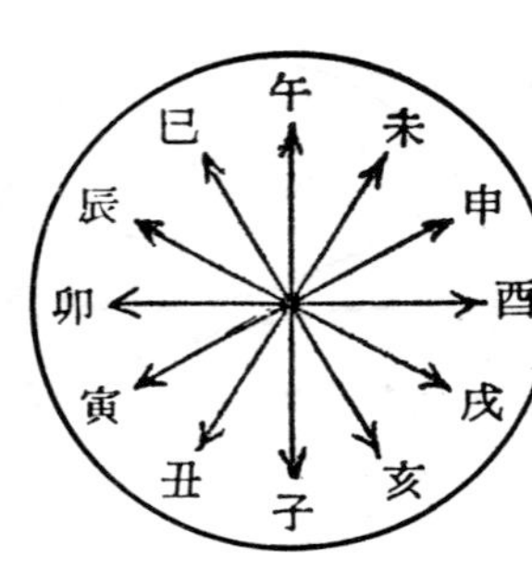

인간 관계・親子・男女 관계에서 트러블(鬪爭)・障害・妨害・破壊・別離・損失・不安定 등을 나타내는 바 四柱(命式) 가운데 이것(刑・冲・破・害・七殺)이 있으면 위와 같은 일이 생기고 일생 變動과 고생이 심하다.

冲＝相冲 또는 支冲, 六冲이라고도 한다. 이 冲은 반드시 陽支와 陽支, 陰支와 陰支가 서로 克하는 것끼리 만나게 되어 있다. 이 冲은 飛한다는 뜻이 있으므로 이것을 만나면 自己의 힘이 減少되어 자연 不利해진다는 것이다.

○冲

즉 子午가 冲이오 丑未가 冲이오 寅申이 冲이오 卯酉가 冲이오 巳亥가 冲이오 辰戌이 冲이다.

害＝이를 六害라고도 한다. 十二支中 그 어느 것인가을 만나면 害가 되는데 서로 妨害하여 分離시키는 성질이 있다.

子未가 害요 丑午가 害요 寅巳가 害요 卯辰이 害요 申亥가 害요 酉戌이 害다.

害圖

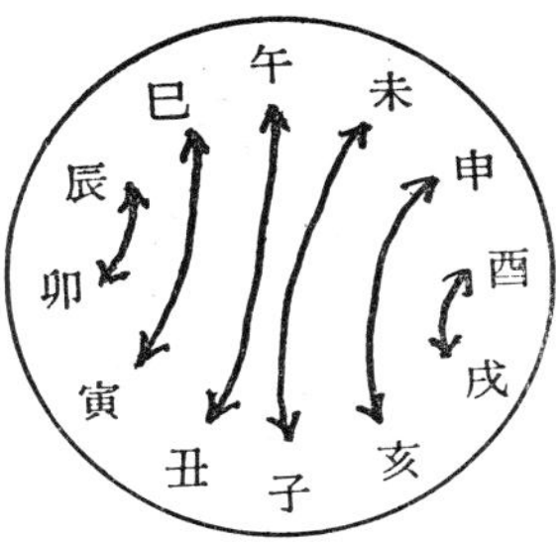

破圖

破＝六破라고도 하는데 男女의 相性과 일하는 파트너(相對) 관계
에 이 破가 있으면 일이 잘 진행되지 않는다. 특히 日支끼리 이 破
를 만나면 가장 凶하며 生年 生月의 破는 그 凶星이 重하지 않는다.
즉 子酉가 破요 丑辰이 破요 寅亥가 破요 卯午가 破요 巳申이 破
요 未戌이 破다.

刑＝刑에는 三刑·相刑·自刑의 三가지가 있는데 즉 丑戌未가 三
刑이오 寅巳申이 三刑이오 子卯가 相刑이요 辰午酉亥가 自刑이다.

寅巳申三刑(寅刑巳·巳刑申·申刑寅)을 持勢之刑이라 하여 이 刑
이 있으면 勢에 따라 直進하여 自己本位로 처세하게 된다.

丑戌未三刑(丑刑戌·戌刑未·未刑丑)을 無恩之刑이라 하는데 이
刑이 있으면 성격이 冷酷無情하고 수치를 모른다.

子卯相刑(子刑卯·卯刑子)을 無禮之刑이라 하는데 命式에 이 刑
이 있으면 성격이 粗暴하고 色情으로 인해 트러블을 많이 일으킨
다.

辰午酉亥(辰刑辰·午刑午·酉刑酉·亥刑亥)를 自刑이라 하는데 이 刑이 있으면 자존심이 강
하나 誠意와 집착심이 결핍되어 있다.

十干七殺＝七殺은 즉 偏官星이다. 이는 日干을 기준하여 보는 바 陽干日은 他의 陽干이 陰干

日은 他의 陰干이 克하고 있는 干이 七殺星이다.

日干이 이 七殺을 만나면 日干의 힘을 억누르고 있으므로 抑押되어 그 힘을 제대로 발휘하지 못한다.

즉 甲의 殺은 庚이오 乙의 殺은 辛이오 丙의 殺은 壬이오 丁의 殺은 癸요 戊의 殺은 甲이오 己의 殺은 乙이오 庚의 殺은 丙이오 辛의 殺은 丁이오 壬의 殺은 戊요 癸의 殺은 己이다.

陰陽說과 五行說은 古代에는 그 起源이 區區하게 다르다가 漢나라 때에 이르러서야 처음으로 論理의 合理化가 되어 陰陽五行이란 述語를 使用하기 시작하였다.

## 六、六十甲子

六十甲子는 干支를 달리한 六十個의 干支를 말한다. 十干이 一支씩 각각 十二支와 結合되면 六十種이 되는 바 반드시 陽干은 陽支와、그리고 陰干은 陰支끼리 干上支下로 結合되었다.

陽干 甲·丙·戊·庚·壬과 陽支 子·寅·辰·午·申·戌과 干支合이 되고、陰干 乙·丁·己·辛·癸와 陰支 丑·卯·巳·

未・酉・亥가 干支合이 되는데 六十甲子의 順次는 天干順과 地支順에 依하여 組合된 順序 그

대로이다。

즉 六十甲子와 그 順序는 다음과 같다。

甲子 乙丑 丙寅 丁卯 戊辰 己巳 庚午 辛未 壬申 癸酉 甲戌 乙亥
丙子 丁丑 戊寅 己卯 庚辰 辛巳 壬午 癸未 甲申 乙酉 丙戌 丁亥
戊子 己丑 庚寅 辛卯 壬辰 癸巳 甲午 乙未 丙申 丁酉 戊戌 己亥
庚子 辛丑 壬寅 癸卯 甲辰 乙巳 丙午 丁未 戊申 己酉 庚戌 辛亥
壬子 癸丑 甲寅 乙卯 丙辰 丁巳 戊午 己未 庚申 辛酉 壬戌 癸亥

## 六十甲子 配合圖

| 干 / 支 | 甲 | 乙 | 丙 | 丁 | 戊 | 己 | 庚 | 辛 | 壬 | 癸 |
|---|---|---|---|---|---|---|---|---|---|---|
| 子 | 甲子(1) | | 丙子(13) | | 戊子(25) | | 庚子(37) | | 壬子(49) | |
| 丑 | | 乙丑(2) | | 丁丑(14) | | 己丑(26) | | 辛丑(38) | | 癸丑(50) |
| 寅 | 甲寅(51) | | 丙寅(3) | | 戊寅(15) | | 庚寅(27) | | 壬寅(39) | |
| 卯 | | 乙卯(52) | | 丁卯(4) | | 己卯(16) | | 辛卯(28) | | 癸卯(40) |
| 辰 | 甲辰(41) | | 丙辰(53) | | 戊辰(5) | | 庚辰(17) | | 壬辰(29) | |
| 巳 | | 乙巳(42) | | 丁巳(54) | | 己巳(6) | | 辛巳(18) | | 癸巳(30) |
| 午 | 甲午(31) | | 丙午(43) | | 戊午(55) | | 庚午(7) | | 壬午(19) | |
| 未 | | 乙未(32) | | 丁未(44) | | 己未(56) | | 辛未(8) | | 癸未(20) |
| 申 | 甲申(21) | | 丙申(33) | | 戊申(45) | | 庚申(57) | | 壬申(9) | |
| 酉 | | 乙酉(22) | | 丁酉(34) | | 己酉(46) | | 辛酉(58) | | 癸酉(10) |
| 戌 | 甲戌(11) | | 丙戌(23) | | 戊戌(35) | | 庚戌(47) | | 壬戌(59) | |
| 亥 | | 乙亥(12) | | 丁亥(24) | | 己亥(36) | | 辛亥(48) | | 癸亥(60) |

第三章　命式作成法

命式作成이란 그 사람의 生年月日時를 干支로 表示하여(즉 年柱·月柱·日柱·時柱) 그 사주에 의한 六親·空亡·十二補助星·神殺 등을 表記해 놓은 것을 말하는데 그 作成하는 순서와 요령은 다음과 같다.

## 一、生年月日時의 干支 定하는 法

① **生年의 干支**＝즉 出生한 해의 太歲를 年柱라 한다. 보편적으로는 음력 正月 初一日 子正이 되면 舊年에서 新年으로 해가 바뀌지만 이 占命學의 원칙은 日字에는 관계치 않고 오직 節氣를 기준으로 하게 되었다.

해가 바뀌는 節氣는 立春日 立春時이다. 그러므로 가령 음력 壬戌年(一九八二) 十二月 二十二日 午後六時四十分(酉正二刻十分)이라면 이 입춘일 입춘시 이전까지는 壬戌年이고, 十二月 二十二日 午後六時四十分 이후로는 이미 다음 해(新年) 太歲인 癸亥年이 되는 것이다. 따라서 입춘 이전은 月建이 癸丑月이지만 입춘 이후는 甲寅月이 된다.

萬歲曆을 참고하되 當年 十二月生과 正月生은 반드시 歲首(해가 바뀌는) 立春이 어느 때인가를 살펴 착오가 없도록 해야 한다.

立春은 해가 바뀌는 기본 절기며 또한 十二月에서 正月의 月建도 바뀌는 기준이 된다는 것을 명심하기 바란다.

그 이외는(十二月生·正月生) 西紀든 檀紀든 만세력에서 해당되는 年度를 찾으면 그해의 干支(太歲 즉 年柱)를 쉽게 알 수 있다.

② **生月의 干支** 다음으로 生月로 月柱를 정해야 한다. 역시 生日이 어느 달에 있건 不問하고 그 生日이 어느 절기 이후에 속하는가를 살펴 그 절기에 의한 月建으로 定해야 한다.

우선 各 月에 소속된 절기부터 알아두어야 하겠다. 다음과 같다.

正月—立春(入節)　雨水(中氣)

二月—驚蟄(入節)　春分(中氣)

三月—淸明(入節)　穀雨(中氣)

四月—立夏(入節)　小滿(中氣)

五月—芒種(入節)　夏至(中氣)

六月—小暑(入節)　大暑(中氣)

七月—立秋(入節)　處暑(中氣)

八月—白露(入節)　秋分(中氣)

九月—寒露(入節)　霜降(中氣)

十月—立冬(入節)　小雪(中氣)

十一月—大雪(入節)　冬至(中氣)

十二月—小寒(入節)　大寒(中氣)

즉　立春부터(時間까지　計算—以下同)　正月에　속하고　驚蟄부터　二月、淸明부터　三月、立夏부터　四月、芒種부터　五月、小暑부터　六月、立秋부터　七月、白露부터　八月、寒露부터　九月、立冬부터　十月、大雪부터　十一月、小寒부터　十二月에　속한다。

그러므로　가령　一九八二年(壬戌)　三月初八日　出生이라면　日字로는　이미　三月이　지났으나　三月節氣인　淸明이　아직　지나지　않았으므로(淸明　三月十二日)　前月인　二月의　月建으로　정해야　한다。또　한　例는　十月五日　出生인　경우　十一月　절기인　大雪이　이미　지났으므로(大雪　十月二十二日)　비록　날짜는　十月中이나　十一月의　月建으로　정해야　한다。

다음은　月建　붙이는　요령을　알아두자。

甲己年　正月　丙寅　二月이　丁卯
乙庚年　正月　戊寅　二月이　己卯
丙辛年　正月　庚寅　二月이　辛卯
丁壬年　正月　壬寅　二月이　癸卯
戊癸年　正月　甲寅　二月이　乙卯

가령 太歲가 甲이나(甲子 甲戌 甲申 甲午 甲辰 甲寅) 己로 된(己巳 己卯 己丑 己亥 己酉 己未) 해는 正月을 丙寅부터 시작하여 二月이 丁卯, 三月이 戊辰, 四月이 己巳, 五月이 庚午、六月이 辛未, 七月이 壬申, 八月이 癸酉, 九月이 甲戌, 十月이 乙亥, 十一月이 丙子, 十二月이 丁丑, 이렇게 그해 正月에 해당되는 干支를 붙여 六十甲子 순서로 十二個月 月建을 따져 나간다。

③ 生日의 干支＝出生한 日字에 해당되는 干支를 말하는데 만세력 및 카렌다 등을 보면 간단히 알 수 있다。月建 정하는 것처럼 복잡하지 않고 出生 당일만 찾아 그에 기록된 대로 정하면 된다。그러나 陰陽曆對照 및 日日別 萬歲曆이 아닌 종전의 만세력을 쓰는 경우는 다음과 같은 요령을 알아야 정확한 日柱를 정할 수 있다。

丙辰(月建)　壬申 (三月 初一日의 干支)

三月大　壬午 (三月 十一日의 干支)

壬辰 (三月 二十一日의 干支)

가령 三月 十八日生이라면 十一日의 干支인 壬午에 十一을 붙여 六十甲子 순서로 生日인 十八까지 짚어나간다。즉 十一日이 壬午이니 十二日은 癸未, 十三日은 甲申, 十四日은 乙酉, 十五日은 丙戌, 十六日은 丁亥, 十七日은 戊子, 生日인 十八日은 己丑이 된다。고로 己丑이 日柱다。

④ 生時의 干支＝위에서 年柱(生年), 月柱(生月), 日柱(生日)까지 정하는 요령과 원칙을

알았으리라 믿는다. 그러면 다음으로 마지막 生時(時柱) 정하는 법도 알아 보자.

우선 시간 정하는 법과 그리고 그날의 日干에 따라 달라지는 時의 干支를 알아야 한다.

시간은 다음과 같이 現 活用時間과 十二支時間의 관계를 表出한다.

| 十二支時 | 活用時間 | 初 | 正 |
|---|---|---|---|
| 子時 | 午後十一時初~明日午前零時末 | 十一時 | 零時 |
| 丑時 | 午前一時初~二時末 | 一時 | 二時 |
| 寅時 | 午前三時初~四時末 | 三時 | 四時 |
| 卯時 | 午前五時初~六時末 | 五時 | 六時 |
| 辰時 | 午前七時初~八時末 | 七時 | 八時 |
| 巳時 | 午前九時初~十時末 | 九時 | 十時 |
| 午時 | 午前十一時初~十二時末 | 十一時 | 十二時 |
| 未時 | 午後一時初~二時末 | 一時 | 二時 |
| 申時 | 午後三時初~四時末 | 三時 | 四時 |
| 酉時 | 午後五時初~六時末 | 五時 | 六時 |
| 戌時 | 午後七時初~八時末 | 七時 | 八時 |
| 亥時 | 午後九時初~十時末 | 九時 | 十時 |

**月建早見表**

| 月 | 節入 | 甲己年 | 乙庚年 | 丙辛年 | 丁壬年 | 戊癸年 |
|---|---|---|---|---|---|---|
| 正月 | 立春 | 丙寅 | 戊寅 | 庚寅 | 壬寅 | 甲寅 |
| 二月 | 驚蟄 | 丁卯 | 己卯 | 辛卯 | 癸卯 | 乙卯 |
| 三月 | 清明 | 戊辰 | 庚辰 | 壬辰 | 甲辰 | 丙辰 |
| 四月 | 立夏 | 己巳 | 辛巳 | 癸巳 | 乙巳 | 丁巳 |
| 五月 | 芒種 | 庚午 | 壬午 | 甲午 | 丙午 | 戊午 |
| 六月 | 小暑 | 辛未 | 癸未 | 乙未 | 丁未 | 己未 |
| 七月 | 立秋 | 壬申 | 甲申 | 丙申 | 戊申 | 庚申 |
| 八月 | 白露 | 癸酉 | 乙酉 | 丁酉 | 己酉 | 辛酉 |
| 九月 | 寒露 | 甲戌 | 丙戌 | 戊戌 | 庚戌 | 壬戌 |
| 十月 | 立冬 | 乙亥 | 丁亥 | 己亥 | 辛亥 | 癸亥 |
| 十一月 | 大雪 | 丙子 | 戊子 | 庚子 | 壬子 | 甲子 |
| 十二月 | 小寒 | 丁丑 | 己丑 | 辛丑 | 癸丑 | 乙丑 |

이상은 活用時間에 따른 命學上 쓰이는 十二支 時間이다。 그러나 時柱를 정하는데는 支로

만 하지 않고 他柱와 같이 干支를 붙여야 한다。 時의 干支는 다음과 같은 원칙으로 붙인다。

甲己日 子時가 甲子時 丑時는 乙丑時

乙庚日 子時가 丙子時 丑時는 丁丑時

丙辛日 子時가 戊子時 丑時는 己丑時

丁壬日 子時가 庚子時 丑時는 辛丑時

戊癸日 子時가 壬子時 丑時는 癸丑時

가령 日辰의 天干이 甲日이나 己日인 경우는 맨 처음 시작하는 子時(子正부터、零時)를 甲

子부터 시작하여 乙丑 丙寅 丁卯로 六十甲子 순서에 의하여 十二支 시간을 붙여나가다가 해

당되는 出生時에 이르는 干支가 時柱다。

◎ **子時에 대하여**

子時에는 前子時와 後子時가 있다。 當日의 子正中 午前 零時부터 二時 前이 前子時이고、
午後 十一時부터 零時 前을 後子時라 한다。 그러므로 生時를 정할 때 밤 十二時가 지나서
낳은 사람은 다음 날 즉 밝는 새날이 生日인 것이다。 俗에서 畫子時니 夜子時니 하는 말이
있는데 語不成說이다。 子時는 日界線이지 畫夜의 分界線이 아니다。 엄격히 따져 日出부터

日入 前까지가 晝고 日出 前까지가 夜다. 支時로 區分하면 卯時正의 初부터 酉時初의 末까지를 晝라 하고 酉時正의 初부터 卯時初의 末까지를 夜라 한다.

다음은 月干에 따른 時의 干支 早見表이다.

| 日干 \ 時 | 甲己日 | 乙庚日 | 丙辛日 | 丁壬日 | 戊癸日 |
|---|---|---|---|---|---|
| 子時 | 甲子 | 丙子 | 戊子 | 庚子 | 壬子 |
| 丑時 | 乙丑 | 丁丑 | 己丑 | 辛丑 | 癸丑 |
| 寅時 | 丙寅 | 戊寅 | 庚寅 | 壬寅 | 甲寅 |
| 卯時 | 丁卯 | 己卯 | 辛卯 | 癸卯 | 乙卯 |
| 辰時 | 戊辰 | 庚辰 | 壬辰 | 甲辰 | 丙辰 |
| 巳時 | 己巳 | 辛巳 | 癸巳 | 乙巳 | 丁巳 |
| 午時 | 庚午 | 壬午 | 甲午 | 丙午 | 戊午 |
| 未時 | 辛未 | 癸未 | 乙未 | 丁未 | 己未 |
| 申時 | 壬申 | 甲申 | 丙申 | 戊申 | 庚申 |
| 酉時 | 癸酉 | 乙酉 | 丁酉 | 己酉 | 辛酉 |
| 戌時 | 甲戌 | 丙戌 | 戊戌 | 庚戌 | 壬戌 |
| 亥時 | 乙亥 | 丁亥 | 己亥 | 辛亥 | 癸亥 |

※ 만약 出生한 時를 모르는 사람은 年柱·月柱·日柱의 三柱만 작성해도 推命할 수 있다.

戶籍의 記錄과 事實上의 出生日과 다른 경우가 많은데 戶籍이 如何튼 사실상 出生한 生年月日時를 用해야만 正確한 推命이 될 수 있다.

이상으로 命式 즉 四柱 定하는 원칙 및 요령을 설명하였다. 그러면 緒章에 소개한 바 있는 故 金斗漢議員의 生年月日時를 例로 하여 四柱를 定해 본다.

◎ 西紀 一九一八年(戊午) 五月 十五日

丑時乾命

| (四柱) | (干支) | (天干) | (地支) |
|---|---|---|---|
| 年柱 | 戊午 | 戊 | 午 |
| 月柱 | 戊午 | 戊 | 午 |
| 日柱 | 辛丑 | 辛 | 丑 |
| 時柱 | 己丑 | 己 | 丑 |

西紀 一九一八年의 萬歲曆을 펼쳐 보면 太歲가 戊午年이며、生月은 五月(生日이 芒種五日 節後에 들었다) 戊午月(戊癸之年 甲寅頭로 二月이 乙卯 三月이 丙辰 四月이 丁巳 五月이 戊午)이고 五月 十一日의 日辰이 丁酉이므로 十五日은 辛丑이고、丙辛日 生戊子로 己丑時가 된다。

이와 같이 作成된 自身의 命式에 의하여 空亡星・藏干星・宿命星・十二補助星을 낸다。

二、空亡과 그 作用

① 空亡星 내는 법─空亡星은 別名이 天冲殺이라고도 한다。六十甲子에는 甲子旬(癸酉까지)、甲戌旬(癸未까지)、甲申旬(癸巳까지)、甲午旬(癸卯까지)、甲辰旬(癸丑까지)、甲寅旬(癸

亥까지)의 六個의 旬으로 구분하여 그 旬中에는 반드시 二位의 地支가 沒하여 있다。이 沒해 있는 地支를 空亡이라 하며 旬中에 無라 하여 旬中空亡이라 한다。

즉 다음과 같은 例를 보면 空亡이 되는 이치를 쉽게 이해할 것이다。

甲 — 子
乙 — 丑
丙 — 寅
丁 — 卯
戊 — 辰
己 — 巳
庚 — 午
辛 — 未
壬 — 申
癸 — 酉（十干中에 戌亥가 無）

甲 — 戌
乙 — 亥
丙 — 子
丁 — 丑
戊 — 寅
己 — 卯
庚 — 辰
辛 — 巳
壬 — 午
癸 — 未
申
酉（十干中에 申酉가 無）

위와 같이 甲子에서 癸酉까지는 戌亥가 없고、甲戌에서 癸未까지는 申酉가 없고、甲申에서 癸巳까지는 午未가 없고、甲午에서 癸卯까지는 辰巳、甲辰에서 癸丑까지는 寅卯、甲寅에서 癸亥까지는 子丑이 없다。

空亡을 쉽게 외우는 요령은 다음과 같다。

甲子旬中戌亥空(甲子旬中에는 地支 戌亥가 空亡이오)
甲戌旬中申酉空(甲戌旬中에는 申酉가 空亡이오)
甲申旬中午未空(甲申旬中에는 午未가 空亡이오)
甲午旬中辰巳空(甲午旬中에는 辰巳가 空亡이오)

甲辰旬中寅卯空(甲辰旬中에는 寅卯가 空亡이오)

甲寅旬中子丑空(甲寅旬中에는 子丑이 空亡이다)

## ◎ 空亡星 早見表

| 區分 | 旬中에 屬한 干支 | | | | | | | | | | 空亡 | |
|---|---|---|---|---|---|---|---|---|---|---|---|---|
| 甲子旬 | 甲子 | 乙丑 | 丙寅 | 丁卯 | 戊辰 | 己巳 | 庚午 | 辛未 | 壬申 | 癸酉 | 戌 | 亥 |
| 甲戌旬 | 甲戌 | 乙亥 | 丙子 | 丁丑 | 戊寅 | 己卯 | 庚辰 | 辛巳 | 壬午 | 癸未 | 申 | 酉 |
| 甲申旬 | 甲申 | 乙酉 | 丙戌 | 丁亥 | 戊子 | 己丑 | 庚寅 | 辛卯 | 壬辰 | 癸巳 | 午 | 未 |
| 甲午旬 | 甲午 | 乙未 | 丙申 | 丁酉 | 戊戌 | 己亥 | 庚子 | 辛丑 | 壬寅 | 癸卯 | 辰 | 巳 |
| 甲辰旬 | 甲辰 | 乙巳 | 丙午 | 丁未 | 戊申 | 己酉 | 庚戌 | 辛亥 | 壬子 | 癸丑 | 寅 | 卯 |
| 甲寅旬 | 甲寅 | 乙卯 | 丙辰 | 丁巳 | 戊午 | 己未 | 庚申 | 辛酉 | 壬戌 | 癸亥 | 子 | 丑 |

空亡은 生日의 干支로 基準한다. 고로 위 例의 四柱(戊午・戊午・辛丑・己丑)는 辛丑日의 空亡은 辰巳이나 年月時에 辰巳가 없으므로 空亡이 없다. 그러나 命式中에는 空亡이 없지만 運限에는 반드시 空亡年을 만나게 되었다. 위 金斗漢氏의 四柱는 每 辰巳年이 空亡이며 大運 限에도 辰巳가 드는 運이 空亡이다.

② **空亡의 宿命的 暗示**＝空亡은 어떠한 宿命的 暗示를 가졌는가? 字義와 같이 本來 있는 宿命星의 作用이 空으로 亡한다 하는 暗示가 있다. 고로 吉星에 空亡을 만나면 吉星의 作用이 상실되어 不利하나 반대로 凶星에 空亡이 들면 그 凶星의 作害가 消滅시키게 된다.

空亡은 또 生年月日時에 따라 그 宿命的暗示가 다르다.

○年柱空亡─父母와 生離死別하거나 他鄕에 나가 부모의 은혜를 받지 못한다.

○月柱空亡─兄弟 또는 故鄕과의 인연이 薄하고, 혹은 부부간에 이혼 아니면 死別할 운이

있다.

○日柱─원칙적으로 日柱 기준에는 空亡이 없다. 고로 日支는 年의 干支로 空亡을 낸다.

그리고 甲戌 乙亥日은 日座空亡이라 하여 이것이 있으면 가정 풍파가 끊이지 않는다.

○時柱空亡─少年時에는 발전한다. 다만 申未年이 고독한 운이며 자녀와의 인연이 박하

다.

이밖에 宿命星·補助星·吉凶神殺에도 空亡의 作用을 하는데 이에 대해서는 各星의 說明欄

에 詳述한다.

## 三、 藏干星과 그 意味

藏干이란 四柱의 支에 간직하고 있는 干을 말한다. 아래 藏干表를 보면 支藏干을 알 수 있

거니와 表에 餘氣·中氣·正氣의 三가지로 분류되어 있다. 이는 生月의 節入日에서 生日까지

의 사이에 있는 日數의 長短에 의하여 藏干의 作用力이 크고 작다. 그중 正氣는 藏干中에 作

用力이 가장 强하다.

다시 말하여 生月의 節入日과 生日까지의 日數를 내어 支의 欄에 自己의 年支로 그 橫의 三欄中에서 처음 낸 日數에 해당하는 欄을 본다。 그 해당되는 곳이 당신의 年支의 藏干이다。

年柱 戊午(己) 午中에 己土를 含有

月柱 戊午(己) 午中에 己土를 含有

日柱 辛丑(辛) 丑中에 辛金을 含有

時柱 己丑(辛) 丑中에 辛金을 含有

위와 같이 年柱・月柱・日時・時柱마다 藏干을 내야 한다。

大運내는 法에서 說明하겠거니와 참고적으로 말한다면 年柱의 干이 陽日일 때는 生日에서 다음 節入日(未來節)까지, 女子는 生日前 節入日(過去節)까지의 日數를 계산하고, 年干이 陰일 때는 男子는 生日 이전의 節入日에서 生日까지, 女子는 生日에서 다음 節入日까지의 日次를 計算하는 것이다。

위 四柱는 一九一八年 五月 十五日 乾命이니 戊午年 즉 男命이다。干이 陽이므로 生日에서 다음 절기인 小暑가 六月 初一日이오 日數를 計하면 十五日이다。藏干表 午에 보면 節入後 十五日은 中氣인 己土가 十日에서 十九日까지이니 戊午年 年支의 藏干은 己土요 따라서 月支 午의 藏干도 己土이며, 日・時支 丑의 藏干은 辛金이다。

◎ 藏干早見表

| 支 | 餘氣 | 中氣 | 正氣 |
|---|---|---|---|
| 子 |  | 壬 節入日부터 十日間 | 癸 節入後十一日부터 節明까지 |
| 丑 | 癸 節入日부터 九日間 | 辛 節入十日後부터 三日間 | 己 節入後十三日부터 節明까지 |
| 寅 | 戊 節入日부터 七日間 | 丙 節入前八日後六日間 | 甲 節入後十五日부터 節明까지 |
| 卯 |  | 甲 節入日부터 十日間 | 乙 節入後十一日부터 節明까지 |
| 辰 | 乙 節入日부터 九日間 | 癸 節入十日後부터 三日間 | 戊 節入後十三日부터 節明까지 |
| 巳 | 戊 節入日부터 五日間 | 庚 節入六日後부터 九日間 | 丙 節入後十五日부터 節明까지 |
| 午 | 丙 節入日부터 五日間 | 己 節入十日後부터 十九日間 | 丁 節入後二十日부터 節明까지 |
| 未 | 丁 節入日부터 九日間 | 乙 節入十日後부터 三日間 | 己 節入後十四日부터 節明까지 |
| 申 | 戊 節入日부터 十日間 | 壬 節入十日後부터 三日間 | 庚 節入後十五日부터 節明까지 |
| 酉 |  | 庚 節入日부터 十日間 | 辛 節入後十一日부터 節明까지 |
| 戌 | 辛 節入日부터 九日間 | 丁 節入十日後부터 三日間 | 戊 節入後十四日부터 節明까지 |
| 亥 | 戊 節入日부터 七日間 | 甲 節入八日後부터 七日間 | 壬 節入後十五日부터 節明까지 |

## 四、 宿命星과 定局法

十干에 따른 五行星에 각각 명칭을 붙여 그 暗示와 作用을 明確히 表現하는 것이 즉 宿命星인 十干星 甲・乙・丙・丁・戊・己・庚・辛・壬・癸로써 四柱推命學에서는 一生의 운을 가

장 강하게 左右한다.

生日의 干을 기준하여 年月時의 干과 대조하여 어떠한 宿命星의 관계인가를 表示하는 것이

며, 生日干 자체에는 宿命星을 定할 수 없다.

命式의 構成中에 生日干의 強弱을 決定하는 위치는 月桂인 바 宿命星도 生月에 力量이 가

장 크게 미친다.

위 그림과 같이 生日에 年月時가 관련되어 宿命星을 구성하고 또 그 宿命星이 大運과 行運

에 따라 吉凶禍福의 영향력을 行使한다.

○ 宿命星 表出法＝宿命星이란 日干을 기준으로 表出된 六親 즉 比肩・劫財・食神・傷官・

偏財・正財・七殺・正官・倒食・印綬의 十種을 말한다.

다음과 같은 法에 依하여 宿命星을 表示한다.

①

生我者父母(倒食・印綬)

我生者食傷(食神・傷官)

克我者官殺(七殺・正官)

我克者妻財(偏財・正財)

比和者兄弟(比肩・劫財)

②

比肩＝日干과 五行이 같고 陰陽도 같은 것.

劫財＝日干과 五行이 같으나 陰陽이 다른 것.

食神＝日干이 生하는 五行으로 陰陽이 같은 것.

傷官＝日干이 生하는 五行으로 陰陽이 다른 것.

偏財＝日干이 克하는 五行으로 陰陽이 같은 것.

正財＝日干이 克하는 五行으로 陰陽이 다른 것.

## ○ 宿命星(六親)早見表

| 日干 | 甲 | 乙 | 丙 | 丁 | 戊 | 己 | 庚 | 辛 | 壬 | 癸 |
|---|---|---|---|---|---|---|---|---|---|---|
| 甲 | 比肩 | 劫財 | 食神 | 傷官 | 偏財 | 正財 | 偏官 | 正官 | 倒食 | 印綬 |
| 乙 | 劫財 | 比肩 | 傷官 | 食神 | 正財 | 偏財 | 正官 | 偏官 | 印綬 | 倒食 |
| 丙 | 倒食 | 印綬 | 比肩 | 劫財 | 食神 | 傷官 | 偏財 | 正財 | 偏官 | 正官 |
| 丁 | 印綬 | 倒食 | 劫財 | 比肩 | 傷官 | 食神 | 正財 | 偏財 | 正官 | 偏官 |
| 戊 | 偏官 | 正官 | 倒食 | 印綬 | 比肩 | 劫財 | 食神 | 傷官 | 偏財 | 正財 |
| 己 | 正官 | 偏官 | 印綬 | 倒食 | 劫財 | 比肩 | 傷官 | 食神 | 正財 | 偏財 |
| 庚 | 偏財 | 正財 | 偏官 | 正官 | 倒食 | 印綬 | 比肩 | 劫財 | 食神 | 傷官 |
| 辛 | 正財 | 偏財 | 正官 | 偏官 | 印綬 | 倒食 | 劫財 | 比肩 | 傷官 | 食神 |
| 壬 | 食神 | 傷官 | 偏財 | 正財 | 偏官 | 正官 | 倒食 | 印綬 | 比肩 | 劫財 |
| 癸 | 傷官 | 食神 | 正財 | 偏財 | 正官 | 偏官 | 印綬 | 倒食 | 劫財 | 比肩 |

七殺=日干을 克하는 五行으로 陰陽이 같은 것(偏官이라고도 함)。

正官=日干을 克하는 五行으로 陰陽이 다른 것。

倒食=日干을 生하는 五行으로 陰陽이 같은 것(偏印 또는 梟神이라고도 함)。

印綬=日干을 生하는 五行으로 陰陽이 다른 것(正印이라고도 함)。

이와 같이 日柱의 干과 年月時의 干으로 五行相生相克 및 陰陽 관계로 宿命星을 表出한다.

뿐아니라 年月日時支의 藏干으로도 生克 및 陰陽에 의한 宿命星을 表出한다.

○ 金議員의 命式으로 宿命星을 定해 본다.

| 命式 | 年柱 | 月柱 | 日柱 | 時柱 |
| --- | --- | --- | --- | --- |
| 干 | 戊 | 戊 | 辛 | 己 |
| 支 | 午 | 午 | 丑 | 丑 |
| 藏干 | 己 | 己 | 辛 | 辛 |

(天干)(宿命星)　(藏干)(藏干宿命星)

```
                  辛
      ┌───────────┼───────────┐
    戊 印綬     戊 印綬      己 倒食
      └───────────┼───────────┘
    己 倒食  己 倒食  辛 比肩  辛 比肩
```

日柱의 干(日干)의 陰陽 및 五行을 알은 뒤 年·月·時干과의 陰陽五行 生克比和 관계를 따져 宿命星을 表出한다. 그리고는 支에 藏干된 星으로 역시 日干對 年月日時 藏干과의 陰陽五行 生克比和 관계로 藏干宿命星을 表出한다.

○ 宿命星의 六親關係=宿命星은 以上에 論한 바 있는 十種인데 日干을 我(本人)로 하여 生

克比和의 원리로써 다음과 같이 六親 관계를 定하고 있다.

比肩星ㅣ日干과 同星이니 宿命的으로 兄弟·友人·同僚의 星이다.

劫財星ㅣ生日과 同性이나 陰陽이 다르므로 義兄弟、自己가 兄이면 弟나 妹의 星으로 본다.

食神星ㅣ日干이 生해주는 星으로 同星(陽生陽·陰生陰)을 生하는 意味가 있으므로 女性에게는 子息星이 되고、一般的으로는 衣食住에 곤란이 없다고 본다.

傷官星ㅣ生日이 生하는 것은 食神과 마찬가지나 陰陽이 다르고、吉星인 正官星을 破하는 고로 傷官星이라 칭한다.

偏財星ㅣ日干이 克하는 星으로 日干과 陰陽이 같다. 宿命的으로 父親·妻星이라 한다.

正財星ㅣ日干이 克하는 것은 偏財星과 같으나 陰克陽 또는 陽克陰이 되므로 偏財의 弟에 해당하며、財星을 表示한다.

偏官星ㅣ生日干을 克하는 星、陽이 陽、陰이 陰을 克하고 있다. 自星(日干)을 傷하는 星이므로 七殺이라고도 한다.

正官星ㅣ위 偏官과 같이 日干을 克하나 陰陽이 다르다. 男性은 子息이 되고 女性은 夫星이라 한다.

倒食星ㅣ日干을 生해 주는 星이므로 母星이지만 陽生陽 陰生陰이 되어 正母가 아닌 繼母 등으로 본다.

印綬星ㅣ日干을 生해 주는 것은 倒食과 같으나 陰陽이 바로 配合(陰生陽·陽生陰)되어 있다.

自己의 母親으로 보고 또는 學問·藝術의 星이라고 한다.

## 五、十二補助星

天干(宿命星)을 相生·相克하는 誘導力을 지닌 것이 十二補助星이다. 고로 이 補助星은 宿

命星을 強하게도 하고, 弱하게도 할 수 있는데 補助星 自體의 強弱으로 鑑定하기 때문이다.

이를 樹木에 비유하면 天干(宿命星)은 幹(줄기)이 되고 補助星(支)은 根(뿌리)이 된다.

○ 補助星의 종류와 暗示—人間의 成長過程과 運命의 榮枯盛衰를 表示하는 十二支에 依하

여 다음과 같은 種類와 各星마다의 暗示가 있다.

長生—싹이난 곳, 사람이 出生한 時機, 새것의 기쁨, 成長해가는 것을 나타내고 平和·安泰

를 가져오는 作用力이 있다.

沐浴—裸體가 된다. 產浴을 하는 기분·未熟·失敗·色情에 의한 逢變, 運氣가 아직 弱한 狀

態다. 生日에 命式이 不良한 경우는 父母의 인연이 박하며, 再婚三婚에 일찍 둔 子息과는 死

別의 뜻도 있다.

冠帶—衣束冠帶元服의 차림을 하고 社會에 進出하려는 상태, 좋은 命式에 이 星을 만나면

自然 운이 열려 名譽·發展·幸福을 기약할 수 있다.

建祿—食祿의 혜택이 많고, 官界에 한자리 차지하는 時期, 人生 最高運으로 事業의 완성을

이루는 운기이다。 좋은 命式에 이 星을 만나면 반드시 富貴의 名譽를 얻을 수 있다。

帝旺―旺盛한 기력으로 사회생활을 경영하고、사람들의 윗자리에 임한 強運이다。사업의 완성을 이룩한 운기가 있으나 너무 旺運이므로 장차 쇠운에 접어들고 있었음을 은연 중 의미하기도 한다。

衰―帝旺의 盛運에서 이미 기울고 있는 상태、즉 衰退의 징조를 나타내고 있는 運氣이다。

病―모든 것이 病들어 있는 상태、病弱者와 같이 行動의 의욕도 없고 또 그만한 氣力도 없는 형상이다。

死―運氣가 죽고 멈춘 상태、움직이지 못하고 있으나 다음을 위해 준비하는 시기다。

墓―모든 것을 거두어 감추며、動하지 않고 保守에 힘쓰는 운세、좋은 命式에 이를 만나면 富貴하나 나쁜 命式에 이를 만나면 不運不發의 일이 많다。

絕―운기가 완전히 끊인 시기、그러나 絕處逢生의 뜻이 있다。大運 및 行運에서 陰極生陽의 變機가 있어 예상외의 轉機를 나타내는 수도 있다。

胎―胎兒가 母胎中에서 動하려는 기미가 보이는 상태、운기가 약하나 活動의 氣가 미미하게 있으므로 吉星의 도움을 만나면 곧 발전한다。

養―母胎에 養되어 장차 世上 밖으로 나올 준비를 하고 있는 運氣、胎와 비슷하나 胎보다 약간 더 活發의 氣가 있다。

○ 補助星의 強弱―前述한 바와 같이 十二補助星은 各各 그 運氣가 盛衰하는 차이가 있는

데 이를 간단히 정리하여 표시하면 다음과 같다。

帝旺・建祿——強勢

長生・冠帶——中勢

墓・胎・養・衰——小勢

沐浴・病・死・絕——弱勢

이 十二星의 强弱에 따라 宿命星의 强弱은 決定된다。例를 들어 「比肩星이 弱하다」 하는 것
은 比肩星에 補助星 病・死・絕이 임하게 될 때이다。반대로 比肩星이 强하게 되는 경우는
比肩星에 帝旺・建祿 등의 强旺한 補助星이 根基되어 있기 때문이다。

○ 十二補助星 내는 方法——宿命星 내는 요령과 같이 生日의 日干을 기준하여 年月日時 各
柱의 地支와의 관계로 定한다。

①

甲木長生—亥　乙木長生—午

丙戊長生—寅　丁己長生—酉

庚金長生—巳　辛金長生—子

壬水長生—申　癸水長生—卯

甲丙戊庚壬의 陽干日生은 長生을 起한 支에서 沐浴·冠帶·建祿·帝旺·衰·病·死·墓·絕·胎·養의 차서를 十二支 순서로 順行하고、乙丁己辛癸의 陰干日生은 長生을 起한 支에서 沐浴·冠帶·建祿의 차서를 十二支 순서로 逆行한다。

가령 甲木日干은 亥에 長生을 붙여 子에 沐浴、丑에 冠帶、寅에 建祿 등으로 順行하고、乙木日干은 陰日이니 午에 長生을 붙여 巳에 沐浴、辰에 冠帶、卯에 建祿、寅에 帝旺、이렇게 支順을 逆으로 붙여 나간다。

다음의 十二補助星 早見表를 참고하라。

## ○ 十二補助星 早見表

| 十二星 | 癸 | 壬 | 辛 | 庚 | 己 | 戊 | 丁 | 丙 | 乙 | 甲 |
|---|---|---|---|---|---|---|---|---|---|---|
| 長生 | 卯 | 申 | 子 | 巳 | 酉 | 寅 | 酉 | 寅 | 午 | 亥 |
| 沐浴 | 寅 | 酉 | 亥 | 午 | 申 | 卯 | 申 | 卯 | 巳 | 子 |
| 冠帶 | 丑 | 戌 | 戌 | 未 | 未 | 辰 | 未 | 辰 | 辰 | 丑 |
| 建祿 | 子 | 亥 | 酉 | 申 | 午 | 巳 | 午 | 巳 | 卯 | 寅 |
| 帝旺 | 亥 | 子 | 申 | 酉 | 巳 | 午 | 巳 | 午 | 寅 | 卯 |
| 衰 | 戌 | 丑 | 未 | 戌 | 辰 | 未 | 辰 | 未 | 丑 | 辰 |
| 病 | 酉 | 寅 | 午 | 亥 | 卯 | 申 | 卯 | 申 | 子 | 巳 |
| 死 | 申 | 卯 | 巳 | 子 | 寅 | 酉 | 寅 | 酉 | 亥 | 午 |
| 墓 | 未 | 辰 | 辰 | 丑 | 丑 | 戌 | 丑 | 戌 | 戌 | 未 |
| 絕 | 午 | 巳 | 卯 | 寅 | 子 | 亥 | 子 | 亥 | 酉 | 申 |
| 胎 | 巳 | 午 | 寅 | 卯 | 亥 | 子 | 亥 | 子 | 申 | 酉 |
| 養 | 辰 | 未 | 丑 | 辰 | 戌 | 丑 | 戌 | 丑 | 未 | 戌 |

金議員의 命式에 依한 補助星은 다음과 같다.

戊午　病
戊午　病
辛丑　養
己丑　養

辛 陰金은 子에 長生을 起하여 十二支를 逆으로 짚는다. 고로 午에 病이오 丑에 養이 임한다.

六、吉凶神殺

神殺은 무려 百六十餘種이 된다. 그러나 여기에서는 그 重要한 神殺만 가려 生日 日干기준한 神殺과 生月 月支 기준한 神殺 두 가지만을 아래 定局表에 의하여 소개한다.

○ 日干기준 神殺表

| 神殺＼日干 | 甲 | 乙 | 丙 | 丁 | 戊 | 己 | 庚 | 辛 | 壬 | 癸 |
|---|---|---|---|---|---|---|---|---|---|---|
| 天乙貴人 | 丑未 | 子申 | 亥酉 | 亥酉 | 丑未 | 子申 | 丑未 | 午寅 | 巳卯 | 巳卯 |
| 文昌貴人 | 巳 | 午 | 申 | 酉 | 申 | 酉 | 亥 | 子 | 寅 | 卯 |
| 太極貴人 | 子午 | 子午 | 卯酉 | 卯酉 | 辰戌丑未 | 辰戌丑未 | 寅亥 | 寅亥 | 申巳 | 申巳 |
| 天厨貴人 | 巳 | 午 | 巳 | 午 | 申 | 酉 | 亥 | 子 | 寅 | 卯 |
| 福星貴人 | 寅 | 丑亥 | 子戌 | 酉 | 申 | 未 | 午 | 巳 | 辰 | 卯 |

## ○月支基準　神殺表

| 神殺／日干 | 節度貴人 | 金輿祿 | 暗祿 | 夾祿 | 十干祿 | 飛双 | 紅艷 | 流霞 | 垣城 |
|---|---|---|---|---|---|---|---|---|---|
| 甲 | 巳 | 辰 | 亥 | 丑<br>卯 | 寅 | 酉 | 申 | 酉 | 亥 |
| 乙 | 未 | 巳 | 戌 | 寅<br>辰 | 卯 | 戌 | 午 | 戌 | 午 |
| 丙 | 巳 | 未 | 申 | 辰<br>午 | 巳 | 子 | 寅 | 未 | 寅 |
| 丁 | 未 | 申 | 未 | 巳<br>未 | 午 | 丑 | 未 | 申 | 酉 |
| 戊 | 巳 | 未 | 申 | 辰<br>午 | 巳 | 子 | 辰 | 巳 | 寅 |
| 己 | 未 | 申 | 未 | 巳<br>未 | 午 | 丑 | 辰 | 午 | 酉 |
| 庚 | 亥 | 戌 | 巳 | 未<br>酉 | 申 | 卯 | 戌 | 辰 | 巳 |
| 辛 | 丑 | 亥 | 辰 | 申<br>戌 | 酉 | 辰 | 酉 | 卯 | 子 |
| 壬 | 亥 | 丑 | 寅 | 戌<br>子 | 亥 | 午 | 子 | 亥 | 申 |
| 癸 | 丑 | 寅 | 丑 | 丑<br>亥 | 子 | 未 | 申 | 寅 | 卯 |

| 神殺／月支 | 天德貴人 | 月德貴人 | 華蓋 | 注受 | 天耗 | 地耗 | 血双 |
|---|---|---|---|---|---|---|---|
| 正 | 丁 | 丙 | 戌 | 子 | 子 | 酉 | 丑 |
| 二 | 申 | 甲 | 未 | 亥 | 寅 | 亥 | 未 |
| 三 | 壬 | 壬 | 辰 | 戌 | 辰 | 丑 | 寅 |
| 四 | 辛 | 庚 | 丑 | 酉 | 午 | 卯 | 申 |
| 五 | 亥 | 丙 | 戌 | 戌 | 申 | 巳 | 卯 |
| 六 | 甲 | 甲 | 未 | 亥 | 戌 | 未 | 酉 |
| 七 | 癸 | 壬 | 辰 | 子 | 子 | 酉 | 辰 |
| 八 | 寅 | 庚 | 丑 | 丑 | 寅 | 亥 | 戌 |
| 九 | 丙 | 丙 | 戌 | 寅 | 辰 | 丑 | 巳 |
| 十 | 乙 | 甲 | 未 | 卯 | 午 | 卯 | 亥 |
| 十一 | 巳 | 壬 | 辰 | 寅 | 申 | 巳 | 午 |
| 十二 | 庚 | 庚 | 丑 | 丑 | 戌 | 未 | 子 |

| 神殺＼月支 | 正 | 二 | 三 | 四 | 五 | 六 | 七 | 八 | 九 | 十 | 十一 | 十二 |
|---|---|---|---|---|---|---|---|---|---|---|---|---|
| 血支 | 戌 | 亥 | 子 | 丑 | 寅 | 卯 | 辰 | 巳 | 午 | 未 | 申 | 酉 |
| 月空 | 壬 | 庚 | 丙 | 甲 | 壬 | 庚 | 丙 | 甲 | 壬 | 庚 | 丙 | 甲 |
| 金鎖 | 申 | 酉 | 戌 | 亥 | 子 | 丑 | 申 | 酉 | 戌 | 亥 | 子 | 丑 |
| 斷橋 | 寅 | 卯 | 申 | 丑 | 戌 | 酉 | 辰 | 巳 | 午 | 未 | 亥 | 子 |
| 白衣殺 | 巳 | 子 | 丑 | 申 | 卯 | 戌 | 亥 | 午 | 未 | 寅 | 酉 | 辰 |
| 隔角殺 | 辰巳 | 辰巳 | 辰巳 | 未申 | 未申 | 未申 | 戌亥 | 戌亥 | 戌亥 | 丑寅 | 丑寅 | 丑寅 |

## 七、命式에서 본 强弱

당신의 命式이 强한가 弱한가를 알려면 宿命星·十二補助星·干支의 相生相克·吉凶神殺星

의 作用·空亡星의 有無 등에 依하지만 그보다 강약 판단의 요점(기준)이 되는 것은 命式 가

운데 다음과 같은 星이 있나 없나에 따라 한다.

强=① 宿命星에 生日干과 五行이 같은 比肩 및 劫財가 있는 경우.

② 日干을 生해 주는 印星(倒食·印綬)이 柱中(命式)에 있는 것.

③ 十二補助星으로 帝旺·建祿·長生·冠帶 가운데 二개 이상이 있는 것.

弱=① 宿命星에 生日을 克하고 있는 官殺(正官·偏官)이 二개 이상 있는 것.

② 十二補助星에 死·絶·墓 등이 二개 이상 있는 것.

다음의 表示를 참고하라.

## ○ 命式의 強弱表

| 天干 | 甲乙 | 丙丁 | 戊己 | 庚辛 | 壬癸 |
|---|---|---|---|---|---|
| 地支 | 寅卯 | 巳午 | 辰戌丑未 | 申酉 | 亥子 |
| 四時 | 春 | 夏 | 土用 | 秋 | 多 |
| 五行 \ 木 | 旺 | 休 | 囚 | 死 | 相 |
| 火 | 相 | 旺 | 休 | 囚 | 死 |
| 土 | 死 | 相 | 旺 | 休 | 囚 |
| 金 | 囚 | 死 | 相 | 旺 | 休 |
| 水 | 休 | 囚 | 死 | 相 | 旺 |

## ○ 生日에서 보는 強弱

가장 중요한 것은 自身星인 日干의 強弱을 알아 보는 일이다. 우선 生月의 五行이 日干五行을 生하는가 克하는가 또는 比和되는가에 따라 日干의 강약이 결정된다. 그리고 命式 가운데 生日干과 같은 五行星(比肩·劫財)의 有無를 살펴야 한다.

각 干支마다 五行과 四季의 소속에 대해서는 위에서 설명하였거니와 위 強弱表에 나와 있는 원칙에 따라 당신의 四柱의 干支가 어느 五行星이며 強弱을 알 수 있다. 그러나 다시 生日의 干과 五行에 대하여 위 表를 참고하며 연구해 보자.

① 旺 = 最強(王과 같다).

② **相**＝小強（도움을 받는다）。

③ **死**＝弱（힘을 약하게 한다）。

④ **囚**＝最弱（活動을 못한다）。

⑤ **休**＝停止（休息狀態）。

가령 甲木이 寅卯月生이라면 木旺節인 春月生이라 旺하고, 生日이 甲木일 때 日支에 寅을

놓고 寅卯月에 生이면 日主가 最強이다.

어떤 五行日干을 막론하고 月支에 日干과 同한 五行月에 生함이 最強이오 日支에 만나면

다음이며 日干을 生해 주는 月日支를 만나도 強해진다. 그러나 만일 日干이 克을 받는（死）月

日이나 生해 주는（休）月日이나 克하는（囚）月日을 만나거나 다른 命式에 이러한 五行이 많

으면 자연 日干星은 弱해진다.

理想的인 生日이란 柱中에 五行星이 각각 너무 強하지도 않고 너무 약하지도 않게 힘의 均

衡을 이루고 있어야 한다.

命式에서 본 強（日干）自體로 強弱이 아닌 외는 他動的作用을 하고 육친을 비롯하여 知人、

友人의 원조에 따라 발전하는 영향력이 있고 自力에 의한 開運은 어렵다. 이런 사람은 自己

의 재주만 믿지 말고 항시 對人 관계에 주의해야 한다. 약한 때는 환경에 左右된다.

生日로 본 強弱은 獨立獨步의 作用力을 발휘한다. 組織과 대인 관계에 支配되는 것이 없이

自力으로 成功하지만 약한 때는 偏屈한 성격에 消極的인 생활 사상으로 一生을 지내게 된다.

命式의 構成은 宿命的暗示가 強하게 작용되어 生日 때도 운명적 암시에 左右된다.

○ **金議員의 命式**

年柱 戊午 印綬 倒食 病
月柱 戊午 印綬 倒食 病
日柱 辛丑 比肩 養
時柱 己丑 倒食 比肩 養

이 命式은 年月干에 日干을 生하는 印星을 만나고 年日支의 藏干星도 역시 日干을 生하는 데다 日時支 同星인 比肩을 놓아 日干이 太强이다. 그러나 十二補助星은 年月支에 病이오 日時支에도 養星을 놓아 太强한 기운을 泄氣시켜 준다.

이렇게 보면 金議員은 보기 드문 强星으로 不屈의 精神力을 소유하고 있다. 太强則折인데 다행이 補助星에 힘을 빼앗겨 柔해지므로 剛柔兼全이라 하겠다.

|  | 年柱 | 月柱 | 日柱 | 時柱 |
|---|---|---|---|---|
| 天干五行 | 戊(土) | 戊(土) | 辛 金 | 己 土 |
| 地支五行 | 午(火) | 午(火) | 丑(土) | 丑(土) |

土-5　金-1　水-0　木-0　火-2

다시 五行星에 맞추어 보면 더욱 明白하다.

日干 辛金이 午火月에 生하여 年月支兩火의 克을 받고 있으나(死) 年月干 戊土 時干 己土

日時支 丑土의 生을 받아 弱化爲强되었다. 또는 午火는 戊土를 生하고 戊土는 日干 辛金을

生하여 火가 직접 金을 克하지 않고 도리어 間接的으로 辛金을 生해 주는 결과가 된다.

## 八、鑑定上의 注意

이상의 說明에서 四柱推命學의 基礎를 마치고 이후부터는 實踐鑑定에 들어가기에 앞서 注
意할 점이 있다. 筆者의 實踐經驗에서 적어도 抽象的暗示에 지나지 않는다고 말할 수 있으나

各星의 暗示, 誘導力은 절대적이라 단언하기에는 그 영향력이 크고 위험이 있으므로 이렇다
하고 단정할 수는 없다. 왜냐하면 吉星이 많다고 해서 반드시 吉한 運命을 享爲하는 것이
아니고, 또는 凶星의 暗示가 있다 해서 꼭 不運하게 되는 것만은 아니기 때문이다.

만약 凶星의 暗示가 있을 때 이것을 豫知하며 凶禍의 豫防、轉換에 노력하면 最少限 禍厄은
阻止되는 것이고, 비록 吉星의 暗示가 있더라도 이것만을 믿고 헛되이 待望하여 게으름을 편
다면 吉한 效力을 얻지 못하기 때문이다. 그러므로 吉한 運氣라 判斷되었더라도 태만하지 않
고 항상 노력하여 自己에게 주어진 天命(宿命)을 순조롭게 받아들여야 한다. 佛家에서 말하
는 輪廻轉生과 같이 生命이 있는 者는 모두 盛衰의 순환이 있다는 것을 알아두어야 한다.

命式을 作成할 때 萬歲曆 보는 요령과 前記한 六十甲子・相生相克・宿命星・十二補助星 등의 定局法을 알아서 당신 자신의 命式을 아래 보기 요령과 같이 記入해야 한다。

○ 命式을 解讀하는 順序＝사람은 태어나는 時點(年月日時)에서 이미 宿命的 吉凶에 支配된다。

本書에는 자기의 운명이 어떻게 전개되는가를 알기 위한 것을 목적으로 하고 있으므로 운세의 盛衰까지 작성하여 총괄적으로 판단하도록 설명되었다。

첫째 宿命的暗示를 表하는 命式을 풀이하는데는 다음과 같은 순서에 의하는 것이 편리하다。

① 宿命星과 藏干星의 星情과 宿命暗示。

○ 命式記入欄

| | 干支 | 宿命星 | 藏干宿命星 | 十二補助星 | 刑 | 冲 | 破 | 害 | 支合 | 三合 | 吉凶神殺 |
|---|---|---|---|---|---|---|---|---|---|---|---|
| 生年 | | | | | | | | | | | |
| 生月 | | | | | | | | | | | |
| 生日 | | | | | | | | | | | |
| 生時 | | | | | | | | | | | |
| 空亡 | | | | | | | | | | | |

② 十二補助星의 星情과 星情暗示。

③ 吉凶神殺星・特殊星의 宿命暗示와 誘引力의 判斷。

④ 空亡・刑・冲・破・害・三合・支合의 作用 및 宿命暗示의 변화。

◎ 다음은 옛날 總理大臣을 지낸 바 있던 어느 高官의 命式인데 이 命式을 기준으로 例를 든다.

| 干支 | 年柱 | 月柱 | 日柱 | 時柱 |
|---|---|---|---|---|
| 宿命星 | 正官星 | 正官星 |  |  |
| 藏干宿命星 | 正財星 | 劫財星 | 偏財星 |  |
| 十二補助星 | 冠帶 | 帝旺 | 衰 |  |
| 刑 |  |  |  |  |
| 冲 |  |  |  |  |
| 破 |  |  |  |  |
| 害 |  |  |  |  |
| 支合 |  |  |  |  |
| 三合 |  |  |  |  |
| 吉凶神殺星 | 天乙貴人 華盖 金鎖 | 夾祿 | 金輿祿 月德貴人 月空 |  |
|  | 辛丑 | 辛卯 | 甲辰 |  |

空亡＝甲辰旬中 寅卯空、고로 月支 卯가 空亡

① 宿命星을 보면 年柱와 月柱에 正官星이 있다. 이 正官은 品位端正・權威・名譽의 星情을 暗示하는 吉星이며, 年柱・月柱의 관계를 보면 父母가 계실 때에 相續받게 되어 있다. 이 四柱의 主人公은 三男으로 태어났지만 長兄이 戰死하고, 次兄은 養子로 가서 三男인 主人公이 父母의 유산을 송두리채 상속받았던 것이다.

다음 藏干의 宿命星에 대하여 論해 보자. 年支에 正財星은 名譽・資産豐富의 뜻이 있는 바

이 正財가 年柱에 있으면 富貴家門에서 出生한다 하였고, 더우기 正官星과 同柱에 있으면 많

은 財産의 혜택을 받고, 本人은 品位 있고 高潔하여 人望을 얻는다 하였다.

月柱의 劫財星은 義兄弟·異服兄弟를 뜻한다. 主人公의 次兄이 養子로 가서 事實上 義兄이

된 셈이다. 劫財가 正官星과 同柱이면 이상한 發達을 하지만 失權·疾病의 厄이 있다 하는 바

主人公은 執權時 우연히 難關에 부딪쳐 權座에서 물러 앉았다.

日柱에 偏財를 놓으면 偏屈한 面이 있으나 資性이 淡白하고 他鄉에서 立身한다 하였다. 그

反面 인덕이 없어 密告·訴訟 등의 災厄을 초래한다고도 하였는 바 과연 주인공은 罪 없이 모

략에 빠져 被逮될 뻔하다가 간신히 免한 일이 있다.

② 十二補助星을 보면 年柱에 冠帶가 있는데 이 星은 발전·명예·번영을 뜻하는 星이며,

冠帶가 正官星과 同柱에 있으면 幸福·發達의 命이라 한다.

帝旺은 頭領·權威·獨立을 뜻하는 바 이 帝旺이 月柱에 있으면 남의 手下 노릇을 못한다

하였고 正官星과 同臨이면 장차 名利와 榮達을 누릴 수 있는 命이라 하였다.

③ 吉凶神殺星은 모두 吉星뿐으로 구성되어 吉星을 더욱 도웁고 있다.

이상과 같이 四柱推命의 觀點에서 보면 例 四柱의 主人公은 당연히 大臣이 될만한 命式을

타고났다 하겠다.

命式에 있는 宿命星은 각각 他의 宿命星과 관련하여 숙명적 암시를 가지고 있으나 특히 月

柱의 숙명성은 天干이 社會的인 現象을 나타내고 藏干이 그 現象을 補助하는 內面性이라 하

겠다。 宿命星의 暗示를 볼 때 月柱의 숙명성을 중심으로 판단하는 것이 于先的이라 하겠다。 응용함이 복잡 난해하지만 잘 推理하면 이 四柱推命學 같이 확률이 높은 占命術은 他方에 없다고 본다。

# 第四章 宿命星의 暗示

命式에 있는 宿命星은 先天的으로 정해진 星(出生과 더불어)이다. 당신이 어떤 宿命星을 타고 出生하였는가는 生年月日時와 他의 宿命星과 관련되는 作用力을 說明한다.

宿命星은 社會와 직접 관련되어 있음을 強하게 表現해 주고 있다.

# 一、比肩星

## (1) 比肩의 特徵

比肩星의 특징은 自由와 獨立의 타이프(型)。이는 日干과 똑같은 星이라 하여 兄弟・姉妹・友人으로 본다.

이 比肩이 四柱 가운데 二個 이상이 있으면 육친과의 투쟁이 많고、친구・知己의 혜택이 없으며 고립되기 쉽다.

비견은 또 발전적인 星으로 힘은 있으나 돈버는데는 감각이 무디어 있으므로 財産 모으는 일이 뒤진다. 損失에도 체념이 빠르고 事業을 경영함에도 貸與에 실패하여 곤경을 당한다.

比肩星이 많은 사람은 合資 즉 共同事業의 投資・同業 등에는 적합치 못하다. 오직 自由와 독립、行動을 뜻하므로 個人事業・商業 등을 경영하면 成功을 기한다.

① **年柱**＝동생・누이동생의 신분으로 出生하는 例가 많다. 長男인 경우라도 家業과 父母의

事業과는 인연이 없으며 일찍 부모 곁을 떠나 自立하게 된다.

② **月柱**＝月柱에 비견이 있으면 兄弟姉妹의 관계는 좋으나 반항심이 강하고 걸핏하면 남과 다툼이 생겨 심한 경우 刑事問題에 잘 걸리고, 또는 父母에게도 不孝하는 例가 많다.

③ **日柱**＝比肩이 日支에 있으면 夫婦宮이 좋지 않다. 그러나 日干이 弱하여 比肩의 도움이 必要할 때는 배우자의 덕이 있다고 본다.

女命으로 陰干日生이 日支에 比肩이 놓이면 형제·자매의 사이가 나빠진다.

④ **時柱**＝比肩이 時柱에 있으면 자식과의 인연이 박하다. 남자는 養子를 둘 수가 있으며 女子는 배우자를 잘 만나기 어렵고 家庭不和 등 곤액이 따른다.

## （2） 性 格

자존심이 강하고, 남에게 억눌리기 싫어하여 自由를 무엇보다 追求하므로 남에게 속박되려 아니한다. 協同心이 적고 특히 對人關係에 양보심이 적으며 損得없이 감정에 치우치곤 한다.

外柔內剛한 面이 다분한데 生月에서 比肩을 만나면 他柱보다 더 比肩의 性質이 강력하게 작용된다.

青年期에는 직업과 住所가 안정되지 못하고 孤立感에 고민하나 한편 正義感이 있고 獨立精神이 강하여 無一分으로 赤手成家하는 재간도 있다. 일단 方向이 定해지면 주저하지 않고 곧 능력을 발휘한다.

女子로서 比肩이 있으면 家庭보다는 社會的이어서 남편에 의뢰하지 않고 몸소 生活前線에 나선다.

陰干日生이 比肩을 만나면 內向的이고 偏屈하며、陽干日生이 比肩을 만나면 外向的이고 鬪爭을 좋아한다.

比肩이 旺한 경우 柱中에 官殺이 있으면 比肩의 凶性을 억제하여 평온 무사하지만、印星 (印綬・倒食)이 있어 比肩이 生해 주면 더욱 기고 만장한다.

比肩의 長點은 不撓不屈의 精神이다. 일단 方向만 정해지면 망서리지 않고 果敢하게 行動에 臨하므로 남보다 앞서 大成하기도 한다. 그러나 너무 焦急하면 失敗하니 침착하게 最善을 다하는게 必要하다.

### (3) 職 業

比肩星은 어떠한 社會環境에 있어서도 指導者인 위치에 서기를 좋아한다. 특히 陽干日生은 自由業으로 從事하게 되고 陰干日生은 技術 계통으로 발전한다.

比肩이 있고 柱中에 傷官星이 있으면 共同事業엔 不可하다. 比肩이 있고 正官・印綬星이 있으면 변호사・건축가・稅務士・宗敎 방면의 직업이 좋고 比肩이 있고 財星을 만나면 商業으로 성공한다.

吉凶神殺에 天乙貴人 등 귀인성이 同臨하면 예술 방면이오、建祿・帝旺이 임하면 사업가가 적당하다。

## (4) 金錢運

四柱 특히 月柱에 比肩을 만나면 靑年期에는 별로 금전의 혜택이 없으나 中年期에 접어들면 好轉된다。 남의 事業에 근무하기보다는 獨立을 피하여서 獨自的인 金運이 强하다。 다만 注意할 점은 공동사업·出資·貸借業 등에는 반드시 말썽이 생기므로 절대 피해야 한다。 전체적인 면에서 논할 때 비교적 금전의 파란이 많아 不安定하다。 고로 不動産 따위를 남기는 것이 상책이다。

四柱에 比肩이 있고 또 劫財를 만나면 六親이나 남 때문에 손해를 보는 경향이 있다。 比肩이 있고 食神도 있으면 재산은 풍부하나 인색하다。

比肩이 있고 正財도 있으면 金錢 및 物資의 인연이 두터워 무슨 일을 경영하거나 運이 好調롭다。 특히 이에다 建祿을 만나면 큰 富者가 된다。 比肩이 있고 印綬가 있으면 副業으로 資産이 늘고 他人의 도움으로 事業이 伸張된다。

比肩이 있고 倒食(偏印)이 있으면 損失·勞苦가 심하고 집안이나 남의 해를 입어 남는 것이 없게 된다。

## (5) 結婚과 戀愛

四柱에 比肩이 太旺하거나 많으면 결혼 운이 늦다。 陽干日生은 더욱 그러하다。

青年期가 不完한 特徵도 있지만 자기의 이상과 嗜好가 까다로운 것도 晚婚의 원인이기도 하다.

女子의 命에 比肩이 많으면 色情에 고민이 생긴다. 陰干日의 男子는 一人의 女性으로 족하나, 陽干日의 男은 浮氣·離婚 등을 자주하고 가정적으로는 妻子를 고생시킨다.

연애는 자기 중심으로 행동하는 경향이 많다. 더워지기도 잘 하고, 식어지기도 잘 한다.

남성은 自己가 相對를 사랑하기보다는 사랑 받기를 바란다. 女性은 온순한 年下의 男性에게 더 호감을 받아 나이 적은 남편감을 만나기 쉽다.

比肩이 있고 또 劫財가 있으면 부부간에 충돌이 많고 심한 경우 이별까지 한다. 比肩이 편재성을 만나면 色情으로 고민하고, 正官을 만나면 女性은 좋은 남편을 얻으며, 偏官을 만나면 애인 때문에 고민이 심하고 혹은 남의 둘째 아내나 妾의 신분이 되는 수가 있다.

### （6）健康

少年期에는 대체적으로 건강하다. 青年期에 약간의 지장이 있고, 이것이 晚年까지 미치는 경향이 많다. 過勞에 의한 무리로 생기는 病이 대부분이다.

比肩은 疾病보다는 事故로 인한 負傷을 당하여 外科에 인연이 많은 것도 比肩의 특징이며 內科로는 手術할 운도 있다.

比肩이 柱中에 偏財를 만나면 病院과의 인연이 많고, 正官에 傷官을 同伴하면 落傷을 당하거나 他人에 依해 負傷하거나 아니면 내가 他人을 負傷시키는 위험도 있으니 조심하라。

### (7) 子息運

比肩이 많으면 남녀를 막론 자식과의 인연이 박하다。비견은 본래 六親과의 인연이 박한

星이며 또 家庭的이 아니기 때문이다。比肩이 많으면 그 자식은 父母의 곁을 떠나 自立한다。

비견성이 많은데다 時柱에 空亡 및 凶星이 임하면 더욱 자식운이 없다。그러나 吉星이 制化

하면 자식 때문에 晩年을 행복하게 지낼 수 있다。

比肩이 있고 傷官星이 있으면 자식의 소행이 나빠 근심이 생기고、偏官이 있으면 자식의

건강 문제로 고민하게 된다。

어느 女優의 四柱를 보면 年・月柱에 모두 比肩을 놓았다。이 星의 特性이 自由와 獨立을

주장하므로 자기의 운명을 獨自的으로 개척해나가는 型이기 때문이다。그녀는 아직 獨身으로

있는데 이는 남에게 束縛됨을 싫어하는 까닭이라 하겠다。

## 二、 劫財星

### (1) 劫財의 特徵

劫財는 鬪爭・破壞의 誘導力이 있는 星이다。또 劫財는 「니힐리스트」(虛無主義)의 星이다。

日柱　陽干이 他柱의 五行이 같은 陰干을 만나면 敗財라 하고、陰干日生이 他의 五行에 같

은 陽干을 만나면 이를 劫財라 한다。劫이란 「위험하다」「약탈한다」의 뜻, 즉 남의 것을 탈

취한다는 뜻이다。敗財란 劫財와 반대로 나의 것을 남에게 탈취당한다는 의미이다。

이 劫財는 比肩과 五行이 같은 星이지만 그 성격이 다르다。즉 同五行에 陰이 다르게 組合

되었으므로 異性으로 본다。그래서 劫財는 兄妹 「걸프렌드」로 본다。

劫財는 투쟁·폭력·정신불안정·파멸의 특징이 있다。일생 고립되어 원조자가 없으며 凶

兆가 강하게 작용하지만、柱中에서 正官星을 만나면 劫財의 포악성을 제압하므로 轉禍爲福되

기도 한다。

① **年柱**=劫財가 年柱에 있으면 父母와 일찍 死別하거나 그 父母가 離婚하여 偏親을 섬기

게 된다。고로 일찍 고생이 많고 사업은 파산·해산의 苦盃를 마시게 된다。

② **月柱**=폭력적이다。고로 가정에서도 포악스러운 남편 노릇을 하는데 妻子에게 무리한 희

생을 강요한다。가정풍파가 많고 부부간에 離別하기 쉽다。

女子의 경우 月柱에 劫財를 만나면 色情으로 인한 「트러블」이 많이 생기고 남의 妾 또는

情婦의 신분이 되는 수가 많다。

③ **日柱**=劫財星이 日支에 있으면 자식에게 괴로움을 주는 父母가 되기 쉽고 아니면 子息

이 실패한다。자신도 子息의 덕이 없거나 그 자식이 短命한다。

④ **時柱**=劫財가 時柱에 있으면 子息과 死別하거나 자식 때문에 항시 재산을 소모시킨다。

## （2） 性格

劫財는 不遜하여 버릇이 없다。대인 관계에는 남이나 가족을 불문하고 트집을 잘한다。粗暴한 사람이 많으며、사업면에는 投機를 좋아한다。

체념을 잘하고 厭世的이며 자기학대를 하는 경향이 농후하다。그 특성중에 죽음 따위를 겁내지 않고 남이 상상 못할 모험에 대담하게 뛰어들어 뜻밖에 大成하는 수도 있다。

남의 일에 간섭을 좋아하고、이 때문에 쓸데 없는 낭비도 잘 한다。그러니 妻子에게 고생을 시킨다。

劫財는 소위 外是內非로 겉과 속이 다르다。평소 돈 쓰는데 거칠어 교제가 많으며 浪費家이지만 수단이 좋아 잔돈 걱정은 없이 지낸다。

女子가 劫財星을 가지면 남의 惡妻가 되기 쉬우므로 가정의 安泰를 유지하기는 어렵다 한다。

劫財는 마땅히 制壓당해야 理想的이다。고로 柱中에 官殺이 있으면 강렬한 성격을 억제하여 吉해지고、印綬星이 있으면 더욱 그 흉폭성이 강렬해진다。

## （3） 職業

劫財星이 많으면 차분하게 하는 일은 성격에 맞지 않다。活動的인 직업、現場의 營業人、

技術者 등에 적합하며 補佐役에 철저하면 發展의 기회를 잡는다. 「사이드 비지네스」(副業)를 마음에 두는 것도 잊지 말아야 한다.

四柱에 刼財가 아울러 있으면 正業에 종사하기는 어렵다. 正官星을 만나면 공동사업에 성공한다. 偏財星이 있으면 금융업 중개인으로 발전하고, 偏官星이 있으면 技術 관계를 살리는 일이 중요하다.

## (4) 金錢運

刼財와 建祿이 있으면 독자적으로 성공하고 帝旺이 있으면 多角面의 경영으로 성공한다.

남의 周旋業, 집안의 원조와 돈과의 인연이 없어 金運은 弱하다. 이런 사람은 自己의 재산을 만드는 것보다 자식의 명의로 하거나 제삼자의 명의로 재산을 만드는 것을 고려해 볼 일이다. 일시적인 好運은 있으나 그 운이 오래 지속되지는 않는다.

평소에 의리를 重히 여기고 信用을 벌어두어야 한다. 四柱에 吉星이 없으면 잔돈푼에는 구애받지 않는다 해도 巨金에는 인연이 박하며 재산도 계획적으로 장만할 타이프가 아니다.

刼財가 있고 比肩도 있으면 항상 損失이 많다. 특히 가정적으로 出費할 일이 많이 생겨 골치거리다. 그러나 食神星이 있으면 물질면에 적지않은 혜택을 받아 衣食住에 一生 불편이 없다. 正財를 만나면 投機·出資로 재미를 본다. 그러나 金錢上의 是非가 일어나고, 印綬星이 있으면 남의 보증을 서거나 알선하다가 손해를 보며, 偏官星이 있으면 本業 이외의 사업에 손을 대다가 손실을 보게 된다.

## (5) 結婚과 戀愛

劫財는 일반적으로 가족 및 異性間에 별로 惠澤이 없는 것이 이 星의 暗示라 하겠다. 뿐

아니라 自身도 좋은 남편 좋은 아내가 되기 어렵다. 특히 女性의 四柱에 劫財가 있으면 精神

的・物質的으로 고통이 심하다. 이에다 補助星인 沐浴을 더하면 이러한 운세가 더욱 強化되며

집요한 男性에 의하여 平生 고생한다.

男性은 원래 冷情한 성격에다 打算的이어서 和合이 안된다. 自己의 연애 상대도 日柱에 同

星이 있으면 심지어 칼부림도 不辭하는 일이 다분하다.

劫財는 好色的이기도 하다. 그러므로 一夫一妻로 해로를 못하고 離婚・離別을 거듭한다.

女性은 연애에 있어도 상대방을 자주 바꾸는 경향이 있다. 그리고 자기 분수 이상으로 상

대방을 원하므로 결핏하면 간단히 헤어지곤 한다.

四柱에 比肩이나 劫財가 二位 이상이 있으면 夫婦宮에 生離死別의 징조가 있다. 또는 妻子

의 우환으로 고민하게 된다.

劫財가 있고 또 偏財가 있으면 결혼 및 남성 경험이 있었던 女性을 아내 및 妾으로 삼게 된

다. 劫財가 傷官星을 만나면 色에 빠져 社會的 비난이 되어 실패하는 수가 있다.

劫財가 있는 사주에 正財도 있으면 남의 아내와 교제하게 되고 三角관계의 문제를 일으키

는 수가 많다.

女子의 사주에 比肩과 劫財가 모두 있으면 남편의 바람기로 고민한다.

### (6) 健康

劫財가 의미하는 건강 문제는 대개 정신적인 것 즉 스트레스・노이로제가 주원인이 된다.

환경의 불만과 고독감으로 自殺을 企圖하는 例도 많다.

劫財星이 있는 사람은 스트레스를 해소시키기 위한 취미를 택하여 精神的 안정을 도모해야 한다. 그리고 心身의 不攝生에서 結核・心臟病 계통에도 걸리기 쉽다. 혹은 愛情문제로 트러블이 생겨 칼부림같은 짓을 하다가 外傷을 입을 우려도 있으니 주의해야 한다.

劫財가 旺한 사주에 偏財星도 있으면 妻의 災厄, 病으로 걱정이 생긴다. 偏官星이 있으면 직장에서나 通勤하는 도중에서 事故같은 것으로 負傷을 당할 염려도 있다.

比肩이나 劫財가 二位를 만나면 부친・자식을 잃거나 病弱으로 고생하고, 印綬가 있고 倒食이 많으면 「노이로제」에 걸리기 쉽다.

### (7) 子息運

劫財는 가정의 불안정, 父子間의 인연이 박하다. 劫財가 많으면 이복 형제 자매가 있는 상이라 한다. 일찍 父母를 떠나는 것은 比肩과 같으나 이 星의 운세는 父母의 이별 등으로 他動的

으로 自立하지 않으면 안된다.

四柱에 比肩·劫財가 너무 많으면 他人의 자식을 양자로 삼게 되고、比劫이 많은 사주에 正官을 만나면 자식이 父母 곁을 멀리 떠나가게 된다.

## 三、食神星

### (1) 食神의 特徵

食神은 따사로운 包容力이 있고 樂天的이며 浪漫家이다.

食神은 衣食住의 安定을 가져다주는 吉星이기도 하다. 또 父母의 恩惠를 받을 수 있으나 食神도 二星 이상이 되면 도리어 不利해진다. 왜냐 하면 日干의 힘이 너무 食神에 泄氣되어 弱化되고 은근히 官을 억제하고 있어 特色있는 幸運이 헛되이 돌아가기 쉽다.

食神이 있고 日月柱에 帝旺이 있으면 錦上添花格이다.

女性은 食神이 子息星이다.

食神이 있으면 父母의 財를 이어받아 一生生活에 궁색함이 없다. 특히 生月에 있는 것이 그 效力을 강하게 발한다.

① **年柱**＝食神이 年柱에 있으면 富豪家에 出生하여 祖先의 德이 많다. 그러나 空亡을 만나

면 비록 前에 名門家의 칭을 받았으나 이제는 沒落해지고 있는 상태라 하겠다.

② 月柱=食神이 月柱에 놓이고 時柱에 正官을 만나면 크게 발전하여 안락한 생활을 누리게 된다.

③ 日柱=日支에 食神이 있으면 配偶者의 덕으로 衣食住의 혜택을 본다.

④ 時柱=晚年에 富裕하며 長壽한다. 그리고 子息의 덕이 있다. 食神이 時柱에 있고 他柱에 倒食・刧財를 만나면 食神의 吉性을 발할 수 없다. 특히 空亡이 同柱에 있으면 福이 헛되당

## (2) 性格

衣食住 따위에 신경을 쓰지 않는다. 악착스럽게 일하기를 싫어하는 경향이 있어 樂天的이라 하겠다. 個性과 투쟁심이 결여되고 결단력도 부족하다. 他人의 付託을 받으면 거절을 못하는 성질이다. 남을 거슬리면서까지 자의의 主張을 관철하려고는 아니한다. 그러므로 대인 관계로 말썽을 일으키는 일이 적고 타인의 호감을 받는다. 비유하면 암전한 어린아이처럼 순해보인다.

食神은 大事大業을 이끌어나갈 기백이 부족하고 家業을 中興시킬만한 투지도 모자란다.

食神이 二位 이상이 있는 女性은 父母와 일찍 이별하고, 初婚에 成功하기 어렵다. 고로 남성 편력을 거듭하게 된다.

人情에 말려 失敗하는 것은 奉仕型에서 많이 있는 바 自己 힘 以上으로 힘을 기울이는 無理를 犯하기 때문이다.

食神星은 예술면에 才能을 나타내고 多藝多趣味의 人物이다.

食神은 하나만 있는 것이 가장 좋다고 하겠다.

## (3) 職業

食神에 나타나는 직업은 公務員 財政職·金融關係가 좋다。家業을 이어나가는 경우에도 써비스業·生産業은 合當하다.

食神이 吉神이나 貴人星을 만나면 예술 방면에 성공한다。現場에 나가 몸소 활동하거나 육체 노동에는 마땅치 않고 또는 大革新을 期하는 일 등은 할 수 없으므로 自營도 小企業이라야 可하다.

食神이 있고 比肩·劫財가 있으면 物質的인 혜택을 받아 共同事業으로 성공한다。偏財星을 만나면 周圍의 인도가 있어 발전하므로 적극적으로 나아가는 것만이 成功의 열쇠다.

食神이 偏官을 만나면 失敗가 많고 곤난을 당하므로 獨自的으로 성공은 못한다。倒食을 만나면 남의 일로 손실을 본다。正官星을 만나면 苦勞가 적고 利盆의 혜택을 많이 본다.

## (４) 金錢運

父母의 덕이 있는 命이니 당연히 상당한 재산을 상속받게 된다. 고로 一生 돈 때문에 고생은 안하지만 稼動能力이 缺하여 비약적인 발전은 못한다. 다만 父母·祖父의 遺産을 維持해 나가는 정도다.

月柱에 建祿이 있으면 家業을 몇 倍로 증가시킨다. 원래 食神은 小心한 性格이므로 돈에는 꼼꼼하여 果斷性있게 모험같은 것에 손을 대지 못한다. 다만 한푼 한푼 적더라도 모여지는 것으로 즐거움을 삼는다. 고로 큰 실패도 없고 큰 발전도 없으니 비교적 安定된 생활을 누리게 된다.

食神이 있고 四柱中 比肩이 있으면 男女를 막론하고 資産家에 養子로 들어가는 경우도 있다. 劫財星이 있으면 火災 따위의 災難을 당하여도 마침 保險에 들었다가 凶事로 인해 金錢을 얻는 요행도 잡는다. 比肩이나 劫財가 있고 建祿을 同伴하면 共同事業으로 재산을 늘린다.

食神이 있고 偏官星을 만나면 事業의 실패로 손해가 극심하다.

## (５) 結婚과 戀愛

비교적 성격이 부드럽고 원만하므로 사람을 사귀는데 友好的인만큼 異性交際도 상대를 잘 대해 준다. 가정적이나 이성간에 혜택이 있다. 男女가 다 凶星이 없는 한 결혼하여 안정된 가 연애에는 남녀가 다 時間의 여유를 두고 교제하는 형으로 정렬적인 행동은 하지않으나 상대방은 안심하고 접근할 수 있게끔 한다.

정을 누릴 수 있다.

사람에 따라 좀 모자라지 않는가 하고 느껴질 때도 있고 個性이 결여된 것같은 느낌도 줄 수 있는 형이다.

가족간의 교제, 어릴 적에 친구들과 접촉이 많은 것이 이 食神의 特長이다.

女子가 만일 三個의 食神을 만났다면 性的感覺이 매우 둔하며 가정적으로 常凡한 생활을 누릴 수 없다.

食神이 沐浴과 같이 만나면 男女가 다 好色으로 인한 트러블이 끊이지 않는다.

食神이 있고 比肩·刦財도 있으면 女性은 內主張이 되어 남편을 支配한다. 그러나 正官星이 있으면 남편의 덕이 있고 가정적으로 행복하며, 偏官星이 있으면 부부 관계로 인한 가정의 노고가 많다.

## (6) 健康

食神星은 健康에 지장이 없지만 肥滿型이 많고, 美食(好食)이나 運動不足으로 인한 胃藏이나 肝藏의 장애가 생길 우려가 있으니 注意해야 한다. 또는 心藏과 血壓 계통의 장애도 초래한다.

食神에 대한 건강의 의미는 대체적으로 長壽하는 상이고 잔병 따위에 걸리지 않지만 暴飮暴食하는 경향이 있으니 이 점을 留意해야 한다.

日干이 弱한 중 食神이 많으면 病弱하다. 倒食이 旺하면 病苦로 가끔 고생하고 傷官星을 만나면 自身이 아닌 배우자가 短命한 수가 있다.

食神에 凶星이나 空亡 및 刑·冲을 만나면 어릴 때 젖이 부족하고, 자라서도 食道의 지장으로 고생하게 된다.

## （7） 子息運

子息運이 吉하다. 고로 훌륭한 子女를 두어 榮華를 본다. 食神에 建祿이 임하면 딸을 두어도 훌륭한 사위를 얻어 惠澤을 크게 입는다.

食神이 있고 傷官星도 있으면 男子는 子息에게 厄이 있으므로 交通事故 및 위험한 곳에 가지 말도록 주의시켜야 한다.

食神이 있고 偏財가 있으면 女子는 자식에게 孝養을 받으며, 偏官星이 있으면 그 자식이 落傷을 당하거나 큰 病에 걸리거나 기타의 재앙이 미친다. 倒食이 있으면 여자는 자식 때문에 고민이 생긴다.

# 四、傷官星

## (1) 傷官의 特徵

焦燥와 鬪爭, 한 마리 늑대의 突進、傷官의 五行性은 五官을 傷한다 해서 지어진 명칭으로

貴星이 되는 正官星이 傷官과 같이 있으면 貴의 作用力을 상실한다.

傷官의 星情은 焦燥・不和・不滿을 意味한다. 故로 月柱傷官이면 自己環境에 不滿足이오,

對人關係에도 원만을 기하기 어려우므로 意見의 충돌이나 反抗的인 激한 감정을 일으키기가

일쑤이다.

傷官은 일반적으로 自尊心, 프라이드가 강하여 뜻에 맞지 않으면 누구를 막론하고 해대는

亂暴性이 있다.

男女가 다 子息의 덕이 없고, 자식을 두어도 그 자식이 犯法하여 근심을 끼치는 일이 많이

생긴다. 또는 상속문제로 집안에 분란을 일으키기도 한다.

男性은 不名譽・詐欺・폭력 등으로 犯罪를 저지르기 쉽고, 女性은 八字가 세어 夫를 克하

거나 結婚生活中 파탄이 생긴다.

傷官이 印綬星을 만나면 그 凶性이 감소되지만 比肩星을 만나면 凶暴性이 더욱 強化된다.

① 年柱॥傷官은 年柱에 있음을 꺼린다。災禍를 초래하고 福分을 傷하며 平生 알력・갈등・트러불이 많이 일어나고 심지어는 短命의 우려도 없지 않다。

② 月柱॥兄弟 및 가족과의 인연이 박하고 있더라도 그 힘이 미치지 못한다。특히 女性은 月柱에 傷官을 만나면 夫宮이 나쁘다。

③ 日柱॥傷官이 日支에 있고 柱中에 財가 약하면 妻로 인하여 재산을 얻는다。女性은 美貌에 프라이드가 높으나 男便을 업신여기는 경향이 농후하다。

④ 時柱॥男女가 다 子息운이 나쁘다。

## (2) 性 格

叛逆精神이 농후한 傷官星은 寬容性이 결실히 要求된다。氣高萬丈하여 사람을 깔보고、사회생활에서 誤解・비방을 불러오며 대인 관계에 있어 반대・방해・失墜・訴訟을 피하기 어렵다。

이러한 激情은 한편 俳優 등 예술적으로 우수한 재능을 가진 이도 있으며 異才를 발휘하고 一見 타협을 겸한 성격이긴 하지만 보통 사람 이상으로 정의감을 발휘하므로 변호사・검사 등의 직업에 많이 보인다。좋고 나쁜 표현을 극단적으로 발하기 때문에 친구가 적은 편이다。

傷官은 두뇌가 명석하고 감정이 예민하며、예술・기술 방면에 특이한 재능의 소유자이다。연구심은 왕성하나 社會性이 결여되어 그 재능을 인정받지 못하고、자포자기에 빠져 괜한 일로 타락하는 사람도 적지 않다.

그러나 자기를 의지하고 찾아오는 사람에게는 성심을 다하여 보살펴 주기를 좋아한다.

傷官星은 한 가지 재주에 특이하다. 목표만 정하면 돌진하여 大成한다. 同業이나 어떤 組織에 드는 것보다 自立을 도모하는 편이 成功의 열쇠이다.

傷官을 놓으면 傷官의 뜻이 있듯이 平生 몇 차례 負傷·手術 등을 겪게 되고, 부모의 은혜·인연이 아주 박한 星이다.

## (3) 職 業

한 마리의 이리(狼)와 같은 傷官은 사람의 위에 설 頭領格으로 좋은 「파트너」의 次第로 事業家로서 大成한다. 위에서 藝術的인 星이라 말했듯이 彫刻家·建築家·陶藝家의 타이프에 적합하고 또는 作家·音樂家·畵家 등의 감상적이고도 섬세한 것에는 맞지 않을 것같지만 그런게 아니다. 만약 四柱中에 印綬星을 만나면 作家 宗敎家로 명성을 떨친다.

組織에 있어서는 기술면에 능력을 살려 발전하나 長久치 못하다.

傷官主星에 柱中 劫財를 만나면 破産·解散의 凶兆를 暗示하므로 공동 사업에는 적당치 않다. 傷官이 있고 倒食도 있으면 本業 이외의 것에 손을 대다가 失敗하고, 남의 保證을 서다가 損失을 당한다. 印綬를 만나면 역시 사업에 실패하고 家運을 파하거나 不名譽로 마음을 상할 때가 많다.

### (4) 金錢運

「傷官에 財運을 볼 수 없다」고 하는 推命家도 있으나 그렇게 아니고 傷官과 財를 生하는 意는 食神과 마찬가지이다. 金錢으로 이름을 얻고 싶어하고, 친절한 사람에게는 힘 이상으로 돌봐주는 성격이 있어 돈이 手中에 붙어 있을 때가 적다. 그러나 일반적으로 中年 이후부터는 財運의 걱정은 없다.

男性은 아내로 인해 財産이 생기는 수도 있으며, 傷官에 帝旺이 임하면 財運이 크게 發한다.

傷官主星에 劫財를 만나면(特히 月柱) 평생 재운이 박하다. 正財가 있으면 손윗사람이나 知人의 원조를 입어 재물을 얻는다.

傷官이 있고 比肩·劫財 어느 것이든 二位 이상이 있으면 財運이 나쁘고 배우자·자식까지 잃게 된다.

傷官이 食神을 만나면 投機·出資로 성공하여 많은 돈을 벌고, 偏官이 있으면 訟事 등으로 인해 破産한다.

### (5) 結婚과 戀愛

傷官이 主星인 命式은 男女를 막론하고 결혼운 연애운이 좋지 않다. 주위의 반대를 무릅쓰고 結婚하는 케이스가 많은 것이 이 星의 특징이다. 대체로 傷官은 결혼·연애에 있어 첫번째로 결실을 보기 어렵다. 傷官에 比肩이 있으면 再婚 三婚의 수가 있다. 女性은 과부로 空房을 지키거나 남편의 바람기로 고독하게 지낸다. 결혼 생활중 남편의 무능력으로 불만이 많고 연애에는 매력적이지만 자기 수준 이하의 남성만이 접근해 오는 경향이 많다.

傷官을 놓고 柱中에 劫財星을 만나면 부부간에 충돌이 많이 생기고, 심한 경우 男女가 다 生離死別한다. 이에 比劫의 同星이 많으면 여자는 남의 後室이나 妾·情婦의 신분이 되기 쉽다.

傷官이 있고 月柱에서 偏官을 만나면 이성 문제로 失意에 빠지고, 倒食星이 있으면 남녀를 막론하고 婚談中 장애가 많이 생긴다.

## (6) 健康

傷字의 意와 같이 事故 등으로 負傷하여 手術까지 하게 되는 暗示가 있다.

이 星은 특히 災難에서 오는 사고(相對에게서 받는)에 가장 주의해야 한다. 원래는 튼튼한 몸이지만 無理가 相當히 작용되므로 소화기 계통이 약한 것이다. 그리고 여성은 婦人科 계통의 疾病이 있다. 病에 걸리기만 하면 반드시 入院까지에 이르고 심지어는 手術까지 하는 경지에 당한다. 激한 傷官의 星情에서 오는 宿命的暗示라고 하겠다.

傷官이 있고 또 劫財가 있으면 금전 문제로 心身의 勞苦가 많다. 比肩星이 있으면 手術이나 落傷 등으로 不具者가 되는 수도 있으니 주의하라. 正官星이 있으면 여자는 남편, 남자는 자

식의 건강문제로 고민이 생긴다. 특히 年柱에 있으면 女性은 産厄이 이르거나 病弱한 體質이

며、印綬星이 있으면 外科系統의 病과는 인연을 끊을 수 없다.

**(7) 子息運**

傷官이 主星이면 남자는 子息運이 나빠 産後 실패하거나 病弱한 자식을 두기 쉽다. 이에

凶星이나 死가 임하면 기르다가 실패한다. 傷官星은 이상하게도 대개 片親이나 祖母의 손에

養育되거나 父母와의 인연이 박한게 대부분이다.

傷官이 있고 比肩이나 劫財를 만나면 자식 기르기에 애로가 많고、死別의 厄도 당한다. 正

官을 만나면 남자는 자식과의 인연이 박하고 여자는 帝旺이 있으면 離婚에 의해 자식과의 인

연이 끊어지며、長生이 있으면 자식으로 인해 安泰를 얻는다.

**五、偏財星**

**(1) 偏財의 特徵**

偏財는 奉仕·投資·顧問、他人의 주선으로 名望의 星이다. 信用과 金融運의 星이기도 하

므로 干에 偏財가 있으면 金融能力을 발휘하여 銀行이나 남의 돈으로 自己의 事業을 발전시

키는 수완가이다.

남자는 女性의 星이다. 이성 문제의 트러블이 생기든지 경우에 따라서는 妻妾을 거느리게 된다.

항상 바쁘고 고된 面이 있어 몸을 한가롭게 休息할 수 없는 것이 이 傷官의 특징이다.

① 年柱=남의 養子 노릇을 하거나 아니면 少年期에 祖母에게 養育되거나 한다. 生父母와 인연이 박하고, 父母의 資産이 있더라도 相續받을 運이 없다.

② 月柱=宿命的으로 부모의 혜택을 입지 못하는 命이다. 四柱가운데 空亡을 만나면 結婚 問題로 큰 타격을 받는다.

③ 日柱=日干이 弱하면 貧窮으로 인한 困境이 심하다.

④ 時柱=偏財星이 時에 있고 刑·冲·害되지 않으면 晩年 赤手成家運이니 致富한다.

## (2) 性格

偏財는 보편적으로 淡白한 性格이지만 本質은 金慾과 女性에 대한 집착심이 강하며 投機를 좋아하고 打算的이어서 自己中心的으로 행동하는 경향이 많다. 겉보기에는 남의 일 주선을 잘하나 나쁘게 말하여 엉큼한 면이 있어 남의 비위를 맞추면서 실속을 차리는 社交性이 있고, 또 설득력도 좋아 교제 범위가 매우 넓다. 고로 저축되는 재산은 얼마 되지 않더라도 일생 돈 잘 쓰고 사는 사람이라는 칭호를 듣는다.

食神이 있으면 財星의 힘을 더욱 强하게 하고 比肩이 있으면 偏財의 力量을 制하여 無爲의 것이 되어 人間的으로 경박한 무리로 보여 남에게 도리어 이용당한다. 偏財가 많으면 勝負事로 빠져 滅亡하는 일이 많다.

### (3) 職業

偏財의 직업은 營業關係 「매니저」(支配人) 역할에 적합하다. 奉仕精神도 농후한 星이니 여성은 保姆·看護婦·營養士 등에 종사하면 좋다.

偏財星이 月德貴人이나 文昌貴人을 만나면 敎育者 변호사 등에 적당하다.

自營인 경우 技術에서 販賣 계통을 살리면 성공할 수 있다. 특히 金融이나 貴金屬 등에 손을 대면 利益이 倍加된다.

偏財가 있고 柱中에 比肩이 있으면 本業以外의 事業에 손을 대다가 손해를 보고, 食神星이 있으면 知人의 원조를 받아 利益을 보며, 勤務業도 發展하지만 自營하면 번영의 기회를 잡게 되어 더욱 吉하다. 傷官星이 있으면 知人에게 돈을 빌려주거나 보증을 서다가 의외의 손해를 보고, 正財가 있으면 副業으로 성공한다.

### (4) 金錢運

偏財가 主星인 命은 金融이 원활하다고 되어 있다. 고로 금전의 곤란은 없으나 대체로 손에 들면 곧 나가고、 나가면 또 생겨 금전 出入이 일정치 않다。

남의 일로 돈을 쓰는 일이 많고、 완전한 자기 재산으로 만들기 어려운 결점이 있다。 가만

히 집에서 경영하면 소득이 적고、 타향에 나가 활동하면 간간 橫財의 재미를 본다。 즉 偏財

는 벌어서 쓰고 하는 편도 살림을 의미한다。

偏財는 남자의 입장에서 볼 때 女性이다。 걸핏 여성의 유혹 때문에 금전을 물쓰듯 하는 때

도 많다。 女子는 偏財가 있어도 운세를 그리 강하게 작용하지 않는다。

偏財가 있고 劫財도 있으면 남녀가 일반으로 異性 때문에 트러블이 생겨 손해를 많이 본다。

食神이 있으면 平生 돈이 따르고、傷官이 있으면 투기에 손을 대어 巨金을 거머쥐는 기회도

있다。 正財는 하나만 있는 것이 좋다。 정재가 하나면 남과 경쟁에 이겨 항시 그 재물은 내게

돌아온다。

## (5) 結婚과 戀愛

이 星은 男性本位로 움직이는 要素가 强하므로 女性에게는 不利하다。 男性인 경우 한 女性

만으로 생활하는 타이프가 아닌만큼 四柱에 偏財가 많으면 바람기가 많고 둘째 셋째까지의 妻

妾을 두는 사람이 많다。 원래 話術에 자신이 있으므로 연애 방면에도 이성 교제가 능란하다。

여성은 결혼 뒤 媤母나 친척 관계로 곤경을 치르게 되며 특히 偏財가 둘 이상이면 그 凶兆

를 강하게 발한다。

偏財가 主된 四柱에 劫財가 있으면 남자는 여자문제로 인해 가정이 시끄러워지고 女性은 再婚의 暗示가 있다. 比劫이 重重하면 여자는 한 남자만의 인연으로 一生을 지나기 어렵다. 그러나 印綬星이 있으면 비교적 가정이 원만하다.

### (6) 健康

無理하기 쉬운 性格인만큼 過勞나 荒淫에서 오는 疲勞에 注意한다면 一生 건강과 長壽를 期할 수 있다. 晚年에 神經痛으로 고생하나 전체적으로 볼때 精力家다운 特長을 가지고 있다. 偏財를 놓고 四柱에 比肩이 있으면 精神的인 고뇌가 많으며 「노이로제」에 걸리기 쉽다. 食神星이 있으면 消化器系統의 病에 걸리기 쉽고, 偏官이 있으면 視力이 弱하거나 眼疾에 注意해야 한다.

### (7) 子息運

子息과의 사이는 男性은 좋지 않고 女性은 원만하다. 그리고 女性은 子息中心이 되어 지나친 保護나 干涉에 빠져 도리어 자식의 將來에 지장을 주게 되는 경향도 있다. 偏財가 있고 比肩도 있으면 兄弟姉妹의 不和로 가정이 不安하다. 子息이 일찍 家出하여 근심을 끼치기도 한다. 食神星이 있으면 子息의 힘으로 發展과 安泰를 얻고, 正官星이 있으면 自身의 애정은 온통 자식에게 쏟게 되며, 印綬가 있으면 男女間에 자식운이 吉하다.

# 六、 正財星

## (1) 正財의 特徵

正財는 名譽·繁榮·資産·信用·安泰 등의 吉祥을 약속하는 喜星이다.

偏財가 몸에 지니지 않은 財物이라면 正財는 내 몸에 붙은 고정된 나의 재산이라 할 수 있으므로 例를 들면 不動産 또는 定期的으로 틀림 없이 들어 오게 되는 金錢, 그리고 내 것으로 登錄된 資産이라 하겠다.

正財星은 良妻의 덕으로 生活이 더 한층 윤택해지나 正財가 너무 많으면 二, 三次의 결혼운이 있고, 재산도 人情에 끌려 남의 保를 서다가 손해보기가 일쑤이다.

正財星·比肩이 많으면 父母와 同居하기가 어렵다. 즉 生家의 계통을 계승하지 않거나 일찍 부모와 이별하여 祖業과의 인연이 없다.

正財의 性質은 正義感이 강하고 남의 일을 돌봐 주기를 좋아한다. 다만 酒色을 좋아하는 경향이 있어 色情에 汨沒하다가 실패하기 쉽다.

正財는 干에 透出된 것보다 支에 暗藏되어 있는 것이 더 좋다. 天干에 있으면 남에게 빼앗기기 쉬운 재물이 되어서이다.

이 星의 힘을 强化시켜 주는 것으로는 食傷과 偏財星이고, 弱化시키는 星은 劫財星이다.

① 年柱＝正財가 年·月柱에 있고 他에 正官이 있으면 독립적으로 富와 名譽를 얻는다.

② 月柱＝부지런하고 信用이 있으므로 이로써 발전한다. 특히 兄弟姉妹의 도움을 크게 입는다.

③ 日柱＝착하고 슬기로운 아내를 맞이하여 그 妻의 도움을 본다. 그러나 正財星이 空亡되거나 刑·冲되면 不良한 아내, 不貞한 아내 때문에 고생한다.

④ 時柱＝正財가 時에 있어 刑·冲·破·害·空亡되지 않으면 美妻를 얻고 또 자식의 영달로 가운이 크게 發한다.

## (2) 性　格

奉仕的이다. 그러므로 누가 어떤 부탁을 해오면 차마 거절을 못하고 돌봐 주기를 잘한다. 誠實하고 信賴할 수 있는 人物이라 하겠다. 着實함이 지나쳐 도리어 어색하게 보이는 때도 있다. 人品이 온화하므로 누구에게나 好感을 받는다.

金錢面에 너무 야물차서 얼핏 보기에는 인색한 인상도 주지만 이는 合理主義의 表現일 뿐 써야할 일에는 과감하게 쓰는 丈夫的이다. 寬容·溫情이 지나치면 괜히 남 때문에 손해를 보게 된다. 필요 이상의 교제 범위를 넓히지 않는 것이 좋다.

正財의 特性은 또 무슨 일에나 초조해 하거나 서두르지 않고 서서히 진행해 나가는 침착성

이 있다. 또 그래야만 한다. 고로 급격히 발전을 가져오거나 橫的인 재산을 모으는 형이 아

니고 한걸음 한걸음 전진함으로써 차질없는 성공의 문을 두드릴 수 있다.

## (3) 職業

商業人·事業家·販賣業·製造 및 現金 취급하는 직업에 적당하당. 태어나 成長한 故鄉 보

다른 他道로 나가 活動하는 것이 吉하다.

中年期의 大運(이에 대해서는 뒤에 記錄)에 正官星을 만나면 사회적으로 상당한 地位로 發

展하고 名譽도 얻는다. 勤務人은 公務員이나 大企業에 從事하면 크게 成功하지만 총괄적으로

論할 때 正財의 特質을 살려 獨立으로 經營하는 것이 더욱 大成한다.

二四柱에 劫財星이 있으면 損失의 凶的인 暗示가 强하고, 트러블이 많으므로 獨立事業에는

無理가 있다. 食神이 있으면 自然的인 도움이 많고 經濟的인 信用을 얻어 無에서 有를 生하

는 格으로 發展한다.

正財가 있고 偏財도 있으면 金錢의 出入이 많고 利益도 있으나 한 가지 事業에 滿足을 못하

여 다른 業에 손을 대다가는 失敗의 苦盃를 마신다.

正財가 있고 他柱(特히 月柱)에 正官星이 있으면 名利를 함께 얻으며 人望이 두터워 주위

의 도움으로 社會的인 立身을 한다.

## (4) 金錢運

正財는 이름 그대로 나의 올바른 재물이다. 그러나 無謀하게 가만히 앉아서 得財하는게 아

니라 몸소 活動하며 노력을 쌓아 올려야 成功한다.

一代에 財物을 버는 타이프가 많은 것이 특징이고 작은 돈을 저축하여 착착 巨金을 축적하

는 型이다. 他柱에 있는 宿命星에 따라 다르시만 正財는 自己의 命에 해당하는 절대적인 재

산이므로 相續 등으로 인한 재물도 적지 않다.

正財가 있고 比肩星이 있으면 兄弟間이나 가정의 일로 支出이 많게 된다. 傷官星이 있으면

金錢面의 起伏이 많아 安定이 안된다.

正財는 男女를 막론하고 金錢運이 좋다. 이에 印綬를 만나면 競爭・支障이 있고 九分九厘

(99%)의 成功을 기약하나 最後에는 그에 못하지 않은 손실도 당한다.

## (5) 結婚과 戀愛

男女를 막론하고 결혼운은 좋다. 特히 正財가 日柱에 있으면 원만한 가정이 유지되며 結婚

後 産業도 번창해진다. 그러나 이 星은 하나만 있어야지 많이 있으면 한 번 결혼으로 끝나지

못하고 二, 三次 인연을 맺게 되는 命이다. 正財가 日支에 있어 刑・冲・破・害되면 부부 사

이가 나쁘고 싸움이 끊이지 않는다.

연애에는 相對와 時間 관념이 정확하고 예의와 절도를 지킬줄 안다. 人間的으로 보면 신뢰할 수 있는 인물이라 하겠으나 연애의 무우드를 살릴 수 있는 감상적 기질이 아니어서 연애 상대로는 재미가 적다고 할 것이다.

正財가 있고, 劫財星을 만나면 아내가 病弱하거나 離別의 수가 있다. 食神이 있으면 妻子運이 吉한데 특히 女性은 남편의 덕이 있어 가정 생활을 즐겁게 누릴 수 있다. 偏官이 있으면 夫妻 幸福하게 지낸다.

女性은 正財가 있고 正官·偏官을 모두 만나면 再娶의 命이 되는 수가 많다. 여자는 正官星 하나만 있는 것이 가장 吉命으로 남편의 덕이 가장 좋다고 한다.

正財가 主星이 된 경우 印綬도 있으면 妻子 不和하며 가정내에 파란이 많이 생긴다. 女子는 印星이 너무 많으면 淫婦의 命이다.

## (6) 健康

규칙적인 것을 좋아하는 고로 어떤 면에서 보면 융통성이 부족하여 무리를 하는 경향이 있다. 이것이 원인이 되어 신경 계통(視力·神經痛) 및 心藏病에 걸리기 쉽다.

女性은 血壓·貧血症 등에 주의해야 한다. 그리고 간질 환자는 이 正財星이 많은 命에서 가장 많이 생긴다.

(7) 子息運

가정적으로는 안정된 星이니 凶星이 없는 한 자식운이 吉하다。특히 女子는 훌륭한 남편에

착한 아들을 두게 된다。그러나 자식의 수는 많지 않으니 많이 두는 경우라야 兄弟 정도이다。

늦게 더욱 자식의 榮華를 본다。

正財가 있고 四柱에 刑・冲・破・害가 많으면 자식운이 나쁘다。食神이 있으면 그 자식이

효도한다。

正財가 있고 比肩・刦財 등 두 개 이상이 있으면 여자의 경우 자식과의 인연이 박하다。時

柱에 正財가 있고 刑・冲・破・害 및 刦財를 만나지 않으면 그 자식이 능히 父母의 業을 이

어받아 中興시킨다。

七、偏官星

(1) 偏官의 特徵

偏官은 또한 七殺이라고도 한다。頑固하고 반역심이 왕성하며 獨立心・直感力이 뛰어나 대

인관계에 있어 相對方의 마음 속을 한 눈으로 환히 꿰뚫어 보는 面이 있다。일반적으로 과격

한 성질의 소유자이므로 윗사람과도 트러블을 잘 일으킨다.

성격탓인지 人生航路에 있어 장애가 많고 파란이 중중한 命이다.

특히 女子로서 이 偏官이 두 개 이상 있으면 異性과 트러블이 끊이지 않고 平生 異性으로 인한 파문이 생긴다.

偏官을 놓고 또 柱中에 食神이 있으면 偏官의 凶星을 눌러 災殃이 없다.

偏官은 固執스럽고 頑固한 星이다. 그러나 不屈하는 기백이 있어 때로는 權威를 잡고 명성을 떨치는 사람도 적지않다.

이 星은 藝術家나 武藝的인 기질이 농후하고 특히 한 가지 특이한 才能을 지니고 있는게 대부분이다.

① 年柱=부모와의 인연이 박하고 부모 때문에 곤경에 처하는 일이 많다.

② 月柱=偏官星이 月柱에 있는데다 羊刃까지 있으면 生涯中 파란이 많고 一生 고독하게 지낸다.

③ 日柱=日支의 偏官은 墓를 꺼린다. 生日에 있으면 勞苦가 많고 樂이 적으며 건강에도 지장이 있다.

④ 時柱=子息과의 인연이 없다는 暗示가 强하다. 그러나 柱中에 食傷이 있어 偏官의 凶星을 制해 준다면 中年後에 혜택을 입는다. 이 命의 子息은 두뇌가 영리하다.

## (2) 性 格

自慢心이 강하고 무슨 일에나 自己中心으로 生覺한다. 감정이 激하고 自己를 必要以上으로 誇示하기를 좋아한다. 반항심이 강렬해서 사람과 사귐에 비난이 적지 않다. 고로 고립되어 이를 도와 주거나 接近하기를 꺼린다.

酒色에 빠져 때로는 狂暴性을 잘 부리며 前後를 따져보지 않고 배짱좋게 大事業에 손을 대다가 事業上 알력이 생겨 傷害 등 刑事事件을 惹起시키는 例도 다분하다. 一面으로는 義俠心이 두텁고, 部下를 사랑하는 마음이 간절하며 필요 이상의 친절과 人情을 베푸는 頭目이기도 하다.

事業面에도 어둡지 않아 타고난 直感力에 依해 發展시켜 나가지만 每事에 너무 型(틀)에 맞는 것을 싫어하여 所信대로 나가고 보니 反社會的인 경향에 이르기도 한다. 偏官이 있고 印綬星도 있으면 그 才能을 살려 藝術 계통에 성공한다. 「무슨 일에나 權謀術數를 좋아한다」고 他書에는 記錄되어 있으나 이는 確率이 적은 말이다.

이 星의 결함은 二重性이다. 自己自身도 잡을 수 없는 복잡한 성격이 言動의 극단까지 이르게 된다.

## (3) 職 業

이 偏官星의 二面性에 영향을 입어 직업도 二重으로 크게 분류된다. 첫째는 義理와 人情의 頭目風을 살려 土木建築分野의 일로 現場에서 젊은 사람을 부리는 일(감독 등)이나 請負業·건달·날일 등의 業에 종사하는 사람이 있는가 하면 둘째 直感力과 才能을 살려 藝術家·作家 계통과 事業面에는 海外에 관계하는 輸出入·不動産·食品業이 좋으며 他人의 業에 勤務하게 될 때는 出版·海外에 인연이 있는 商社·證券會社 등이 적합하다.

偏官을 놓고 柱中에 食神도 있으면 投機를 좋아하여 이에 손을 대다가 실패하는 경향이 있다. 正財星이 있으면 귀찮은 일, 트러블 등이 없으나 損失이 많고 獨自的인 경영은 不合하다. 印綬가 있으면 發展하는 命인데 名望을 얻어 어떤 組織 속에 投身함으로써 성공한다. 公務員中 警察官·刑務官·消防官 등에 종사하면 더욱 吉하다.

## (4) 金錢運

대체로 처음은 좋고 끝이 나쁜 경향이 있다. 무슨 일이든지 自己의 적성에 當한 직업이나 아니냐에 따라 金錢運도 다르지만 일반적으로 잔돈푼에 곤란은 받지 않는 命이다.

投機를 좋아하여 大金을 거머쥐는 때도 있지만 一時的이며, 한푼 한푼 저축하는 일에는 적성에 맞지 않아서 成敗間에 일확 천금을 노리는 타이프다. 고로 어쩌다가 요행히 성공하면 상상의 巨金을 쥐기도 하고, 이것이 실패되는 경우 하루 하루의 때거리도 걱정하게 되는 굴곡이 심한 運이다. 그러므로 投機 따위에 손만 끊는다면 他에 특별한 凶星이 없는 한 비교적 財運의 安定을 期할 수 있다.

偏官이 主星인 경우 他에 劫財를 만나면 남의 보증을 서거나 무리한 投資로 破産의 경지까지 이른다. 偏財가 있으면 金錢上의 신용을 잃고 苦勞가 많으며 正財星이 있으면 金運이 좋고 사업은 발전하며 직장이면 승진이 빠르다.

偏官이 二位 이상이 있으면 일에 관계되는 것은 모두 손실이 따른다.

## (5) 結婚과 戀愛

이 偏官星은 가정적 타이프가 아니므로 남녀가 다 가정운이 좋지 않다고 본다. 女性은 가정에 들어 생활하기가 어렵고 獨立하여 사는 命이다. 男性은 星情이 지닌 冷酷 때문에 自己中心의 성격이 원인이 되어 폭력을 많이 쓰는 경향이 있다.

연애에 있어서는 突進하는 타이프로 상대의 감정 따위를 무시하고 목적을 달성할 때까지 끈질기게 달라붙어 온갖 수단을 부리지만 일단 손에 들어오면 곧 열정이 식어버린다. 그리고 一人의 女性交際만으로 만족하지 않는다.

女性은 육체 관계를 쉽게 가지고 邪戀도 불사한다. 이 星이 많으면 복잡한 남성 관계를 보통으로 가진다. 특히 女子의 四柱에 偏官이 넷 정도 있으면 娼婦의 命이라 한다. 그러나 正

官 하나뿐인 사주는 드물게 보는 賢夫를 만나 幸福을 누린다.

偏財가 있고 劫財도 있으면 부부간에 不和가 많다. 고로 여성은 원만한 결혼 생활을 기대하

기 어렵다. 偏財星이 있으면 여성은 시어머니 혹은 시댁 식구 때문에 시집살이 한다. 正財星

이 있으면 좋은 남편을 만나고 晚年에는 자식의 덕을 받는다. 比肩·劫財가 많으면 남편의 바

람기로 고민하게 된다.

### (6) 健康

男女가 다 건강에는 지장이 많다. 정신력·持久力이 강하다. 일반적으로 長壽한다. 이 星의

특징인 「트러블」이 원인이 되어 事故 傷害에 주의를 要한다. 그리고 酒色으로 인한 胃腸障害

를 일으키기 쉽고 晚年에는 神經痛·關節關係를 앓는 일이 많다.

推命原書 「平會海全書」에는 이 星이 아들이 많은 것이 偏官星의 자식운에 대한 특징이다.

偏官이 있어도 柱中에 食神을 만나면 훌륭한 자식을 두고 그 덕도 본다. 그러나 父母(自

身)의 理解가 없으면 그 자식이 잘못되기 쉬우니 주의해야 한다.

傷官星이 있으면 자신의 거친 성격 때문에 그 자녀는 발전의 기틀을 놓치고 도리어 不良兒

가 되기 쉽다.

※ 金大中氏는 月中에 偏官星을 가진 中 二位 以上이면 自己를 傷하여 病弱하다고 말하였

다. 比肩星이 없으면 病弱으로 고생하고, 특히 偏官星이 많으면 凶兆가 많으며 건강상에도

苦勞가 많음은 분명하다。

## (7) 子息運

偏官이 時柱에 있으면 자식의 혜택이 없다。자식의 입장으로 볼 때 異父母兄弟가 많은 경향이 있다。그리고 딸보다 其外 劫財星·傷官星·倒食星이 있으므로 逆境을 겪지 않을 수 없다고 한다。

## 八、正官星

### (1) 正官의 特徵

權威와 名譽의 상징。家系가 바르고、品位·端正·才智·發展의 星이다。그러나 四柱에 正官이 많으면 自己 자리를 이기지 못하여 이름 뿐이고 실속이 없다고 한다。陰干日生이 日柱에 正官을 놓으면 最貴의 吉星이지만 陽干日生이 日柱에 正官을 놓으면 힘이 弱하여 正官으로서의 구실을 제대로 못한다고 한다。正官이 支配하는 運은 社會的으로도 優位에 서서 信用을 重히 여기고 명예·발전을 기약한다。女性은 夫運이 좋고 용모 단정하며、남성은 正官을 자식으로 본다。

四柱에 正官이 있고 이를 克하는 傷官이 많으면 자식을 잃는 경우가 많다.

① 年柱＝相續의 星情으로 空亡을 만나지 않으면 父母의 힘을 얻어 平生 泰平히 지낸다.

年柱에 正官을 만나면 父母의 業을 직접 이어받는다고 한다.

② 月柱＝正官이 있고 또 年柱·時柱에서 偏官星을 보면 正官의 吉星도 그 作用을 弱化시킨다.

③ 日柱＝一家가 昌盛하여 명예와 재산을 함께 얻는다. 中年부터 기반이 안정되고 妻의 도움으로 발전하거나 名門家의 女性을 아내로 맞이하여 혜택을 본다.

④ 時柱＝晚年에 榮貴하는 命이며, 時는 子息宮이니 당연히 자식의 덕으로 태평히 지낸다.

### (2) 性 格

銳敏한 才機의 소유자이며 常識을 重히 여기는 깐깐한 性格이다. 나쁘게 말하면 융통성이 결여되고 保守的이어서 남에게 敬遠을 당하기가 쉽다. 世上에 信用을 얻는 反面 人間的인 유모어가 결여되어 남의 立場에서 보면 재미없는 사람이라 취급받는다. 일에는 信賴가 있으나 개인적 상대에는 人情味가 없다.

官僚的이고 實質的이므로 남이 겉으로는 잘 대해 주나 內面은 不平을 가지고 있다.

理想이 높고, 虛榮心도 있어 권위와 명예에 弱하고 對人 관계에 있어 上厚下薄한 경향이 있다.

무슨 일에나 꼼꼼히 생각하여 愼重하게 行動한다. 고로 破綻이 적고 비교적 안정된 一生을 보낸다. 秘密을 지키는데 철저하여 自己 마음을 털어 놓기 싫어하고, 冷情한 인상을 보인다.

## (2) 職 業

명예와 신용을 중히 여기는 正官星의 특성은 公務員·學者·金融關係 등 꼼꼼한 일에 投身하면 성공한다. 특히 四柱에 正官星과 正財星이 있으면 萬事가 뜻대로 되지 않는 것이 별로 없어 남의 倍로 發展한다.

才智發展을 暗示하는 이 星은 그 뛰어난 能力으로 주위의 도움을 받는 要因이 크다. 때문에 實業家로서도 크게 발전하지만 그보다도 公共的인 분야에서 더욱 발전한다.

偏官도 官星이긴 하나 직업의 혜택은 正官星이라야 가장 理想的인 것이다.

正官이 있고 또 比肩이 있으면 父母의 事業을 계승하는 수가 많고, 직업으로는 公務員이 좋다. 偏財를 만나면 항상 信用을 얻어 商業·工業을 막론하고 손을 대어도 다 발전한다. 正財를 많이 만나면 자기 능력을 과신하여 사업의 확장이나 本業 이외의 것에 손을 대다가 破산을 당한다. 比肩·劫財가 있으면 每事에 吉利함이 많다.

## (4) 金錢運

훌륭한 家業, 그리고 그것을 相續받는 의미의 星인만큼 금전적으로는 일생을 통하여 궁색

한 때가 없이 안정된다. 그러나 金運이 좋다고 해서 뜻을 높이하여 一世를 흔드는 巨萬의 甲

富가 될수 있는 命은 아님을 알아두어야 한다. 正官은 견실성 있는 성격인만큼 그러한 허망

한 모험은 바라지 않는게 일반적이므로 투기같은 것에 손을 대지는 않는다.

日支에 正官을 놓으면 자기의 能力이나 노력보다도 妻家의 도움으로 致富 또는 상당한 지

위를 얻게 된다.

正官이 四柱에서 比肩을 만나면 家業을 상속받아 自營하거나 아니면 他家의 養子로 들어가

養家의 業을 이어받는 수도 있다. 劫財星이 있으면 金錢의 浮沈이 많고 財運은 弱하다. 傷官

星이 있으면 돈을 借用해 주거나 남의 보증을 서다가 크게 失財하는 수가 많고, 偏財星이 있

으면 自手成家하는 命이며, 偏官星이 있으면 頑固 迷妄으로 인해 괜히 재산을 損耗한다. 倒

食星이 있으면 自營은 不利한데 能力 이상의 것을 꿈꾸다가 失敗한다.

## (5) 結婚과 戀愛

女性은 正官이 夫星이다. 고로 正官이 月柱에 있으면 결혼운이 매우 좋으며 가정이 화합하

고 子息의 덕도 있다. 그러나 四柱에 이 星이 너무 많으면 남편이 많은 상이어서 一夫從事를

못하고 內緣關係 등이 생기기 쉽고, 男性의 유혹에 들떠 고민한다.

男子는 아내의 內助之功으로 크게 부흥하지만 연애는 서투르다. 왜냐 하면 지나치게 예의

나 형식 그리고 체면 따위에 구애받아 상대방 여성에게 信賴感은 주게 하지만 미지근한 듯한

태도에 싫증 내지 회의를 느끼게 하므로 달갑지 않게 생각한다. 지금 유행어로 박력 있는 연애는 못해 보는 인물이다.

結婚生活에 있어 女性은 소위 賢母良妻型이 된다. 男性의 경우 가정은 아내에게 맡기고 아내는 남편을 믿고 의지하는 가정으로서 아무 불만이 없는 결혼 생활이라 할 수 있다. 일반적으로 연애보다는 중매에 의해 성립되는 것이 특징이다.

正官을 놓고 또 四柱에 比肩星이 있으면 여성은 남편과 자식의 덕이 있다. 劫財星이 있으면 남녀 다 같이 異性 문제로 말썽이 생기게 된다. 食神星이 있으면 남녀를 막론하고 좋은 인연을 만나는 운이고, 傷官星이 있으면 부부 不和하고 가정의 不便도 자주 생기며, 偏官星이 있으면 女性은 色情으로 인해 亡身하며, 正財가 二位 이상이 있으면 重婚이 있음을 暗示한다.

## (6) 健康

正官은 福과 壽의 星이기도 하므로 健康面에는 苦勞가 없다. 찬찬하고 堅實性이 있어 暴飮暴食을 아니하고 無理가 없다. 신경 계통의 피로에서 오는 스트레스나 위장 장애에 약간 지장이 있으나 크게 염려는 아니되며, 웬만한 凶星이 命食에 없는 한 疾病에는 근심 안해도 된다. 그러나 同柱의 天干에 偏官星을, 藏干의 正官星을 가지면 事故 및 災害로 인해 橫死하게 될 意가 있으니 주의하라.

正官이 있고 四柱에 傷官星이 있으면 配偶者의 病弱, 子息의 건강 문제로 근심이 많다. 倒

食星이 있으면 心身과 같이 氣力이 缺乏하여 病弱한 경향이 있다。

## (7) 子息運

특히 正官은 子息星이며 子息安泰의 大吉星이므로 자식에 대한 기대를 크게 가질 수 있다。

男女가 모두 자식이 많고 자식의 德도 있다。男子는 자식으로 인하여 晩年에 安康하다。

女性의 경우 正官이 冲을 만나고 따로 食神星이 있으면 자식을 낳은 뒤 夫를 克한다。

正官이 主星에 柱中 傷·正官이 있으면 子運을 破하지만 食神이 있으면 子息 때문에 기쁨을 얻는다。

## 九、倒食星

### (1) 倒食의 特徵

變人奇行의 경향이 많은 獨自星、又名偏印星이라고도 하는데 柱中에 食神이 있을 때는 倒食이라 한다。

倒食은 人氣와 才能을 나타내는 星이므로 藝術界나 물장사(茶房業·酒業 등)로 명성을 얻고 또 得利한다。有名해지고 人氣있는 星이나、名譽나 社會的인 地位、高官大爵 등이 되는 名聲

과는 次元이 다른 이름이 알려진다는 뜻이다. 일반적으로 예기치 못한 재난이나 좌절, 孤獨을 나타내는 星이기도 하여 藝術家 타이프로 日常의 놀이나 취미에 의해서 발전을 얻는 경우가 많다. 그리고 偏印은 衣食住의 星인 食神을 못살게 구는 五行이란 뜻으로 倒食이라 한다.

倒食이 作用하는 命에 偏正의 官星이 있으면 官生印하여 倒食의 特性이 더욱 강화되어 破産・離別・薄命 등의 凶兆가 심해지나 偏財星이 있으면 倒食의 힘을 抑制하므로 無害하다.

① 年柱＝倒食이 年柱에 있으면 父母의 遺産을 지키지 못하고 生活의 궁핍이 있음을 暗示한다. 年에 倒食이 있고 柱中에 長生이 있으면 無害하다.

② 月柱＝倒食이 月柱에 있으면 父母와의 인연이 박하고 繼母나 祖母에게 養育되기 쉬운 命이다.

③ 日柱＝男女가 다 결혼 생활에 애로가 많다. 어려서는 病弱한 사람이 대부분이다.

④ 時柱＝倒食이 時柱에 있으면 아내와의 인연이 박하고 子息은 자주 실패한다. 여자는 難産의 厄이 있다.

## (2) 性 格

재간도 많고 여러 방면으로 취미를 지닌 星情이다. 무슨 일에나 열중하기 쉬운가 하면 금시 그것에 싫증을 느껴 식어지기 쉬운 경향이 있다. 남의 갑절이나 머리가 빨리 돌아가고 직감력이 뛰어난다.

藝術人·作家에 이 星을 가진이가 많은데 이는 多藝多趣味와 빠른 직감력 때문이다。 비록

재간은 이와 같이 뛰어나나 삐뚤어진 性格의 소유자여서 엉뚱한 곳에 才智와 實力을 行使하

기가 일쑤여서 변덕스러운 사람、변태적인 사람이라 불리우기도 한다。

평소 자기를 이해해주고 원조해 주는 친구들에게도 一時的인 감정으로 그들을 배신하여 실

망시키는 例도 있다。 그리고 가족들을 고생시키는 일을 예사로 하는 一面도 지니고 있다。 이

때문에 자연 孤立되어 孤獨感을 느끼고 疎外된 감정에 宗敎에 歸依하는 사람도 있다。

말의 始終이 다르고 行動의 통일성이 없으며 어제와 오늘의 태도가 확 달라지기도 하여 주

위 사람들이 종잡을 수 없게 되므로 최후에는 그 누구도 상대하기를 꺼린다。

이 星을 가진 사람은 社交性이 결핍되고 틀에 박힌(主觀性 있는) 處世는 바랄 수 없다。

女性은 성격이 메마르면서도 즉흥적이다。 이성 교제에 있어 상대가 좋다고 느껴지면 當日

알게된 남성일지라도 서슴없이 몸을 맡기는 極端性이 있다。

### (3) 職 業

自由業 즉 偏業이라야 吉하다。 職場生活에 投身하면 오래가지 못하고 이곳 저곳 자주 轉職

하는 경향이 농후하여 차라리 勤務生活은 그만두는게 좋다。

藝能人·물장사·作家·宗敎·投機方面·理想的事業 등 偏屈한 일에 종사하면 성공한다。

단 永續的이 못되므로 어느 정도 성공하면 다음 일로 변경하는 경솔한 面도 있어서 모처럼 잡

은 기회를 스스로 놓쳐 손실을 보기도 한다。

女性은 예술을 가르치거나 美容·流行關係로 크게 발전할 가능성을 가지고 人氣를 얻는다。

勤務人은 취미를 살린 副業으로 성공한다。

倒食이 主星인 四柱에 比肩이 있으면 本業 以外에 손을 대다가는 失敗한다。食神星이 있으면 公同出資에 의한 경영은 실패하나 單獨業은 無害하다。偏財星이 있으면 무슨 일에 손을 대거나 재미를 본다。正官星이 있으면 本業 以外의 일로 能力을 발휘하고 印綬星이 있으면 모든 일에 迷惑됨이 많고, 不安定한 支店 혹은 二種의 業을 지니지만 損失이 많고 本業마저 잃을 우려가 있다。

## (4) 金錢運

한번 맞았다 하면 크게 당하는 것이 이 星의 특징이다。財運도 꾸준히 持續되는게 아니라 마디마디 끊긴다。「아이디어」나 발명에 의해서 조그마한 着想이 豫想外의 재미를 곧 잘 보는 수가 있다。日支에 食神을 놓고 身旺(日主가 旺한 것)한 경우에는 倒食이 많아도 근심이 없다。倒食은 특히 自由業에 의해서만 伸張되므로 근무인이면 副業을 도모해 보는 것도 좋다。

女性은 물장사에 적합하다。또는 投機에 손을 대는 것도 무방하다。

倒食이 있고 比肩도 있으면 事業運·金錢運의 永續性이 없고 一時的인 運에 不過하다。食神星이 있으면 먹새(사치스러운 食生活)로 넘어질 暗示가 있으므로 사치로 인해 적지 않은

재산을 소모시킨다。偏財星이 있으면 비교적 안정된 재운을 기할 수 있고, 正財星이 있으면

藝術方面에 명성을 얻고 이로 인하여 재물도 모인다。偏官星이 있으면 두 가지 業을 가지고

이것도 저것도 성공 못시킨다。比肩이나 劫財星을 二位 以上을 만나면 盜難・火災・失墜・疾

病 등 재앙으로 인해 재산을 破한다。

## (5) 結婚과 戀愛

自己本位를 主張하는 星情으로 가정적인 면에는 男女가 다 결점이 있다。四柱中에 偏財를

만나면 安泰를 期한다 하나 대개는 애정의 지속성이 없어 離婚 문제 등을 일으키거나 바람을

피우게 된다。

남성의 경우 항상 複數의 女性과 交際를 가지며 女性은 離婚하여 子息은 남편에게 빼앗기

는 따위의 母子 관계가 좋지 못함을 暗示한다。

연애에는 男女가 다 좋고 나쁜 變化가 자주 생기며 비교적 상대방을 택하는 눈이 높다。처

음에는 정렬적으로 나가 어떤 無理가 있더라도 두 사람이 접촉할 수 있는 시간을 만들어 獻

身的 態度를 보이지만 相對方의 결점을 용서 못하는 偏見이 있다。그러므로 조금만 의사 차

이나 감정의 갈등이 생기면 언제 무슨 일이 있느냐는 듯이 간단히 걸어치워 버리는 형이다。

연애 상대로서 일시적 즐거운 상대지만 오래 애정의 지속은 어려우므로 男女가 다 配偶者

로서 求하기는 곤란한 점이 있다。

만일 상대방이 一倒食을 가진 命式의 사람이라면 보통 이상의 포용력과 寬容을 베풀어 주어야 두 사람의 사이가 원만해질 것이다.

倒食이 있고 또 劫財星이 있으면 婚談에 고충이 많다. 傷官星이 있으면 가정의 파란으로 이별의 경지까지 이른다. 女性은 夫의 운세를 破하거나 시어머니 때문에 고생한다. 正官星이 있으면 女性은 성격이 사나와 그 남편에게 골칫거리의 아내가 되고, 比劫이 있으면 남편의 친척이나 시어머니와의 사이 때문에 항상 풍파가 생긴다.

### (6) 健 康

倒食은 吉星이라 할 수 없으므로 건강에도 특히 주의해야 한다. 少年時부터 中年·晚年의 건강에 굴곡이 많고, 生活 경영상의 挫折·不運에 의한 정신면의 惡影響에서 신경 계통·노이로제·심장·혈압 등으로 고생할 우려가 있다.

女性이 이 倒食을 많이 만나면 流産하는 産厄의 두려움이 있다.

倒食이 意味하는 健康 문제는 여윈형이 많은데 生活의 不規則한 것을 삼가하면 長壽하는데는 지장이 없다.

倒食이 있고 食神도 있으면 女性은 몸이 약하고 産厄이 있다.

### (7) 子息運

倒食이 있으면 生母와의 인연이 박하고 특히 여성은 자식과의 인연이 박하다.

群陽八通(四柱의 干支가 陽으로만 된 것) 四柱에 이 星이 많이 차지하면 妻子의 인연이 없고 여자는 자식을 두기가 어렵다.

女子는 倒食이 있고 食神을 가지면 어떤 자식에게는 德을 보고, 어떤 자식은 病弱하거나 死別하거나 남의 養子로 빼앗기게 된다.

倒食이 있고 傷官이 있으면 女子는 자녀와 生離死別한다. 劫財가 있으면 子息이 허약하여 근심을 끼치게 되고, 比肩이 많으면 도리어 子息運이 희박하다.

## 十、 印綬星

### (1) 印綬의 特徵

智性과 學問・藝術的 인테리 형・學者型、溫厚하고 慈悲心이 풍부한 星情이다. 이 印綬는 家業繁榮과 平生 資産의 惠澤이 있고 社會的으로는 信望이 높다.

男女가 모두 母星인데 母子 관계가 원만하고 父母 長上을 공경할 줄 안다. 그러나 印綬가 너무 많으면 도리어 모친과의 인연이 박하고 자식운도 좋지 못하다.

印綬는 學問과 工業方面에 발전한다.

印綬가 있고 正財가 많으면 財克印이 되어 印星의 力量을 破하므로 印의 吉한 효력이 상실된다.

女性은 印綬가 柱中 主星이 되면 美麗한데 他柱에 正官을 만나면 富貴家에 生長하여 才智가 뛰어나고 一生 安樂하게 지낸다.

① 年柱＝印綬가 年柱에 있으면 좋은 家門의 出身이다. 그러나 他柱에 또 있으면 他家로 入養갈 수가 있다.

② 月柱＝印綬가 月에 있고 刑·冲·破·害를 만나면 少年期를 貧困하게 보내고, 비록 相續人의 地位라 해도 그 惠澤을 받을 수 없다.

③ 日柱＝印綬를 日支에 놓고 空亡이나 破가 되면 生母와의 인연이 박하다.

④ 時柱＝印綬가 時柱에 있으면 子息 때문에 영화를 누린다. 그러나 印綬가 他柱에도 많으면 도리어 그 子息이 病弱하다.

## （2） 性格

타고난 才能이 있어 공부를 잘 한다. 그러나 자칫 모친의 지나친 사랑 즉 過保護로 양육될 경향이 있어 이로 인한 오만성 나약성이 생기지 않나 염려된다. 印綬의 性質은 무슨 일에나

自己가 決定하는 것을 꺼린다. 生日干의 五行이 약하면 인내심이 부족하고 자기 中心으로 行動하려는 경향이 농후하다.

이 星은 智慧와 慈悲心을 상징하고 있으므로 감정적으로 나가는 行動은 마이너스를 가져온다. 一見 온순해 보이지만 실은 自尊心·自負心이 상당히 강하여 지기 싫어하는 強忍性이 있다. 연구심이 풍부하고, 계획도 치밀하여 社會에서는 좋은 환경에서 그 才能을 충분히 발휘하여 상당한 발전을 한다. 주의할 것은 자기의 재주만 믿고 지나치게 자존심을 부리다가 좋은 기회를 잃기 쉬우니 친구나 윗사람에게 協助的인 태도로 나아가면 大吉한 命이다.

## (3) 職 業

學問·才能·藝術的 소질이 풍부한 星이므로 商業이나 事業經營에 投身하는 것보다 公務員·政界·敎育界·藝術界 등에 그 才智를 발휘할 수 있고 또는 學者·硏究家·作家·宗敎家로서 실력을 발휘하여 명성을 떨칠 수 있다. 이 星은 써비스 관계나 힘드는 일(肉體的)은 맞지 않고, 항상 理想的인 것을 追求하므로 이에 맞지 않은 직업은 비록 金錢의 收入이 좋더라도 만족하지 않는다. 印綬星이 있고 食神이 있으면 社會的 信用과 第三者의 도움으로 商業事業面에서도 성공한다. 傷官星이 있으면 製造業·販賣業·工業 등에는 不合하고 藝術方面에서 크게 成功한다. 偏財星이 있으면 仲介業의 副業으로 資産이 늘고, 倒食이 있으면 二業을 가지다가 名利를 모두 잃을 우려가 있고, 印綬가 많으면 自己過信이 강하여 한군데 만족하지 못하다가 직업을 轉轉하게 된다。

## （4） 金錢運

財運・金運은 좋다。堅實한 타이프의 人物로서 計畫性없는 낭비는 즐기지 않는다。 대개는 良家에 出生하여 父母의 遺産을 十分 상속받는다。특히 年柱에 印綬가 있으면 財産家의 子息으로 一生 豐富하게 生活한다。性格的으로 家族이든 남이든 自己 以外의 사람 때문에 出費하는 것을 싫어하여 인색한 面이 다분하다。印綬가 刑・冲・破・害되면 零落한 가정에 出生하여 어려서부터 衣食의 궁핍을 겪게 되거나、혹 父母의 재산이 있더라도 동기간으로 인해 相續의 혜택을 받지 못한다。

四柱에 印綬・比肩이 있으면 生活에는 不自由한 정도는 아니지만 巨金은 모이기 어렵다。傷官이 있으면 뜻대로 되는 일이 적고 무단히 支出・損害가 많다。正財를 만나면 도리어 재운이 박하고、偏官이 있으면 야금야금 벌어서 크게 저축하며、正官이 있으면 交際로 인하거나 相續權을 얻어 하루 아침에 大金이 들어오며、倒食을 만나면 投機業에 손을 대다가 不意의 재난이 생겨 失敗하기 쉽다。

## （5） 結婚과 戀愛

名譽를 존중하고、家門의 體統을 세우려는 사상이 있어 결혼에 매우 愼重을 기한다。고로

윗사람이나 父母가 선택해 주는 상대방을 配偶者로 삼는 일이 많다. 細心한 관찰에 의해 차분

히 생각한 뒤 결정하는 타이프, 자기의 일시적인 감정을 억누르고 기분에 左右되지 않는다.

즉 自己 눈에 들더라도 우선 상대방의 家門·人品·教育程度·財產·직업 등을 고려해서 결

정한다.

戀愛에도 감정보다는 理性을 爲主한다. 禮儀를 잃지 않고 規範·常識을 重히 하여 깊은 곳

까지 들어가지 않으며 가족과의 접촉 내지 兩家의 合意를 원칙으로 하는

女子가 만일 印綬가 많으면 의지가 약하고 淫亂하여 한 男性만의 인연에서 만족하지 않고

複數的인 남성과 교제한다.

印綬가 있고 偏財도 있으면 결혼하여 가정이 항상 원만하고 가업도 번창하여 一生 안락하

게 지낸다. 正財가 있으면 모친과 아내 사이가 不和하거나 아내가 病弱하다. 偏官이 있으면

가정이 명랑하며, 여성은 남편을 잘 얻어 남편 덕을 보고 남성은 아내의 内助之功으로 상당

한 발전을 한다. 倒食이 있으면 여성은 家庭內에 복잡한 일이 많이 생긴다.

## (6) 健康

印綬는 無病·健康의 星으로 四柱中에 凶星이 없는 한 長壽를 기약한다. 만일 刑·冲·破

가 되면 어려서부터 病弱의 징조가 있으나 대개는 안정된 건강의 혜택을 받고, 다만 呼吸器나

胃腸에 약간의 지장이 있어 주의할 정도이며 神經質이 되는 일은 없다. 그리고 視力이 약한

사람이 이 星에서 많이 나오게 되는 바 눈의 건강에 주의할 필요가 있다.

印綬가 있고 正財가 있으면 疾病 혹은 身弱할 근심이 있고, 男性은 아내의 건강으로 걱정

이 된다. 女性은 生殖器 계통에 주의해야 한다. 偏官이 있으면 事故·災害에 인한 負傷의 意

가 있으니 주의해야 한다.

## (7) 子息運

印綬는 본시 母妻이다. 女性에게 印綬가 많으면 子息과의 인연이 박하고, 남편과 離婚 등

으로 해서 그 자녀와도 生離하기 쉬운 意가 있다. 教育問題로 그 시어머니와 충돌하거나 不

和가 잦아 이혼하게 됨으로써 그 자식과는 떨어지지 않을 수 없고, 자식은 엉뚱하게 他家에

養育되기 쉽다.

印綬가 時柱에 있으면 男女가 다 자식 때문에 福祿을 누리는데 一般的으로 病弱한 子女를

두는 例가 많고, 자식이 어릴 적에 키우기가 어렵다 한다.

印綬가 있고 四柱에 偏官이 있으면 가정이 행복하고 子女로 인하여 덕을 본다. 倒食星이

있으면 가정의 평온함이 적고 자식과의 인연도 박하다. 印綬가 거듭 있으면 자식에게 해를 끼

치는 父母 노릇을 하게 된다. 이는 自己過信·自己爲主로 行하므로 그 영향이 자식에게도 미

치기 때문이다.

第五章　十二補助星의　暗示

補助星의 選擇方法에는 「居한다」「만난다(逢)」의 두 가지 述語가 있는데 이를 일일이 구분

하여 설명한다면 도리어 혼란을 초래하기 쉬우므로 여기에서는 日柱 즉 生日의 天干을 기준

하여 나오는 「만난다」의 述語로 통일하여 十二補助星의 作用力 暗示力에 대해서 論하기로 한

다.

윗 글에서도 말했거니와 補助星은 宿命者의 強弱에 영향을 行事하는 外에 가정환경, 육친,

배우자, 자식운 등이 강하게 작용된다.

그리고 이 補助星은 四柱中에 특히 月柱와 日柱에 있는 것이 가장 강하게 作用한다.

# 一、長生

## (1) 長生의 特性

十二補助星 가운데 그 힘이 上品이고 淸潔感이 넘치는 星이다.

長生은 誕生의 星이다. 고로 발전성·은혜·福壽·柔和·감각적인 특성이 있다.

長生은 發展途上의 星이다. 人間의 成長에 비유하면 母胎에서 갓난 아이로 장래 무한한 잠

재력은 있으나 아직 힘이 弱하여 많은 보호를 필요로 하고 있다. 그러나 무엇이든지 前進하

는 意의 星이므로 上達이 빠르고 才能을 含有한 星이다.

## (2) 長生定局과 吉凶

長生은 生日 日干과 四柱의 支를 대조하여 본다.

甲日＝亥의 十月生(中吉)‥끈질기다.

乙日＝午의 五月生(小吉)‥作用이 弱하다.

丙日＝寅의 正月生(大吉)‥最大의 吉星이다.

丁日＝酉의 八月生(中吉)‥俊秀 敏捷하고 총명하다.

戊日＝寅의 正月生(中吉)‥積極的이다.

己日＝酉의 八月生(中吉)‥冲을 만남을 가장 꺼린다.

庚日＝巳의 四月生(中吉)‥두뇌가 명석하다.

辛日＝子의 十一月生(小吉)‥성격이 온화하다.

壬日＝申의 七月生(大吉)‥富貴를 얻는다.

癸日＝卯의 二月生(中吉)‥聰明하다.

## (3) 各柱의 長生

年柱＝父母의 은덕이 있으며 만년에 이를 때까지 행복을 누린다. 陽干日生은 幸運이 더욱 강화하고 陰干日生은 陽干보다 弱하게 작용된다.

月柱＝長男・長女의 신분이 많고、 次男일 경우라도 父母를 봉양할 운명이다。中年부터 父
母의 재산을 이어받아 더욱 발전한다。

日柱＝月柱와 비슷한 作用을 가지나 그 아내가 바람기가 많아 淫奔할 우려가 있다。丙寅
丁酉 戊寅 癸卯日生은 부부 관계가 中年까지 원만하고 안정된다。女性은 破・害가 없으면 一
生 행복하다。丙寅日과 壬申日生은 貴命이라 하여 幸運이 約束된다。

長生이 日時에 같이 있으면 크게 발전해서 사회적으로 高貴한 身分이 된다。

時柱＝자식으로 인해 晚年이 영화롭다。月日에도 있으면 一代에 크게 발전하여 子息의 孝
道를 입는다。

## （4） 命星에 있는 경우

比肩＝남의 養子로 들어가거나 他人에 寄生할 暗示가 있으나 어릴 때는 행복하게 지낸다。

劫財＝兄弟의 團結力으로 발전하지만 刑・冲・破・害가 있으면 兄弟不和로 가정의 分裂이
생기고 父는 後妻를 얻을 暗示가 나온다。

食神＝一生 衣食이 풍부하고 他人의 好感을 산다。女性은 內主張하기 쉽다。

傷官＝父母와의 인연이 박하여 祖父母나 叔父母에 양육되는 파란 많은 人生을 보낸다。藝
術에 投身하면 성공한다。女性은 子息으로 인해 平安을 누린다。

偏財＝父母의 덕으로 一生 그 영향이 미쳐 衣食의 구애가 없다。

正財‖부귀의 가정에서 출생하여 어릴 적부터 호강으로 지냈다。 女性은 좋은 남편을 만나는 吉命이다。

偏官‖훌륭한 上司를 만나 자신도 영귀하며 妻子의 덕도 있다。 女性은 初婚不利나 만일 再婚이면 훌륭한 남편을 만나 幸福하다。

正官‖훌륭한 부친의 핏줄・精神・유업을 계승하여 사회적 신용을 얻는다。 女子는 가장 좋은 인연을 만난다。

印綬‖좋은 벗이나 上司의 혜택이 있다。 여성은 賢母良妻가 된다。

倒食‖부모의 인연이 박하고、계모에 의해 양육될 운명이다。

### (5) 運 命

月柱・日柱의 長生은 容姿 태도에 있어서 유화하고 청렴 결백한 사람이 많다。무슨 일어나 상대의 입장에 서서 주위의 환경 등을 꼼꼼히 살펴 하며 대담성있게 行動은 못하지만 남에게 좋은 인상을 주어 사회적으로도 발전한다。 다만 통솔력이 부족한 면이 있으매 남의 보좌역으로는 마땅하다。

長生이 뜻하는 직업은 藝術・技術方面으로 나아가면 발전한다。

（6）　**相性**（相性이란 自己와 相對方의 관계가 吉한가 凶한가를 보는 方法이다。以下同）

長生을 日支에 놓고 月柱에서 다음과 같은 十二補助星을 만나면、

**大吉**＝帝旺・墓―남녀를 막론하고 사업 관계에 있어 좋은 協力者가 생긴다。

**中吉**＝養・建祿―精神面은 理解할 수 있으나 物質面에는 만족할 수 없다。

**小吉**＝沐浴―섹스（性）면에 가장 좋다。

**凶**＝病・胎・衰・冠帶―썩은 인연으로 勞苦가 많고 트러블과 애로가 있다。

## 二、沐　浴

### （1）　沐浴의　特性

沐浴은 咸池殺 敗殺이라고도 하는데 色慾과 不安定・失敗의 星이다。

沐浴은 齋戒의 星이다。不安定・苦勞・色難・變動・懷疑的인 星, 즉 不安定으로 떨어 고민

이 많은 星으로 人生이 처음 世上에 나오매 곧 胎中에서 묻은 不潔을 목욕시킬 때의 時期이

다。고로 肉體的 精神的으로 놀램과 시달림이 있다。이 星은 특히 安定性이 缺하므로 약속이

나 節操를 겸하는 경향이 있다。발가숭이가 되어 産湯을 쓰는 意에서 淫慾을 상징하여 色難

의 징조가 다분히 含有되어 있다. 反面 活動的으로 보면 外交의 수단이 비상하다.

## (2) 沐浴定局과 吉凶

沐浴星은 生日의 干日로 四柱의 支로 대조하여 본다.

甲日＝子의 十二月生(凶)—苦勞가 많고 色難이 있다.

乙日＝巳의 四月生(大凶)—落傷의 우려가 있다.

丙日＝卯의 二月生(大吉)—學藝面에 재주가 뛰어난다.

丁日＝申의 七月生(小吉)—良妻를 얻는다.

戊日＝卯의 二月生(小吉)—官職運이 吉하나 다만 소극적인게 흠이다.

己日＝申의 七月生(小吉)—孤獨運이 隨伴한다.

庚日＝午의 五月生(平吉)—學問·藝術의 才能이 있다.

辛日＝亥의 十月生(　)

壬日＝酉의 八月生(大吉)—智能이 우수하다.

癸日＝寅의 正月生(小吉)—성질이 온후 건실하다.

## (3) 各柱의 沐浴

年柱＝아내를 일찍 이별하거나 再婚運이 있으며 晩年에 경제적인 타격이 심하고 孤獨한 一

生이 된다.

月柱=兄弟姉妹와의 不和가 있다. 中年期에는 身邊의 변동이 많고 부부간의 파란이 있거나 자식의 슬픔이 생긴다.

日柱=부모의 인연이 박하여 어릴 때부터 고생이 많다. 配偶者와의 인연도 박한 凶兆가 있으며 不和·사치·好色의 面이 다분하다.

여자는 남편에게 불만이 많거나 아니면 이별수가 있다. 가정이 안정되지 못한데 商業을 경영하면 그런대로 心身이 快하다. 庚午日生이 더욱 運의 作用力이 강화된다.

時柱=晩年에 不利하다. 刑·冲·破·害가 있으면 자식과의 인연이 박하다.

## (4) 宿命星에 있는 경우

比肩=형제자매와의 인연이 박하여 일찍 死別하거나 居住를 자주 옮기면서 풍상을 많이 겪는다.

劫財=不運의 관계, 居住의 勞苦가 많고 형제자매의 病이 있거나 貧困이 있어 동기간의 덕을 못본다.

食神=남에게 養育될 暗示가 있어 비록 財産이 많은 가문에 出生했을지라도 인연이 없어 破産된다. 女性은 음란하고 好色한 이가 많은데 물장사를 하거나 남의 둘째가 될 暗示가 있다. 子息福도 없는 命이다.

傷官=반항심이 강하고 對人關係가 원만치 못하다。孤獨·곤고함이 있다。女性은 産厄이 있다。

偏財=父母가 不遇한 시기에 出生하여 어려운 환경에 자라며 아내나 女子로 인하여 심적인 번민이 생긴다。

正財=少年時의 不運으로 고생이 많고 妻가 不貞하여 이로 인한 파란이 생긴다。

偏官=사업에 발전이 없고 변동이 심하며 특히 상업에 손을 댔다가 애를 먹는다。여자는 남편문제로 고민이 생기며 불우한 삶을 누린다。

正官=상속문제로 트러블이 생기고, 친한 사람에게 疏外된다。여자는 혼담이 잘 깨져 심한 경우 독신 생활도 가능하다。여하튼 남편의 바람기로 속상한다。

倒食=어려서부터 부모와의 인연이 박하고 경제적으로 몹시 궁핍하다。그리고 母親의 문제로 애로가 많다。

印綬=사업상의 실패, 직장의 失職 등으로 곤고가 많고, 과부·後妻 신분의 어머니를 섬기는 일이 많다。

## (5) 運命

一生을 통하여 頭角을 나타내기가 어렵다。生家 즉 出生한 곳에 인연이 없어 타향으로 일찍 떠나며, 성격적으로도 一貫性있는 言行이 결핍되었다。정욕에 빠지기 쉽고 곤잘 失意하여 일

고독하다。次子이하의 신분이면 養子로 가는게 좋다。

學藝面에 才能을 뻗치지만 대개 한군데 오래 지속을 못하고 자주 바꾼다。취미를 살리는

일이 좋고、꼼꼼하고 야무진 일은 맞지 않는다。

乙巳日生은 社會的으로는 존경을 받으나 病弱으로 곤고한다。夫婦의 운은 偕老가 어렵다。

## (6) 相 性

日支에 沐浴을 놓고 月柱와의 관계로 본다。

大吉=衰・絕—성격적으로 온화한 사람이 아니면 吉運을 오래 지속 못한다。

中吉=胎・建祿—좋은 원조자、의논 상대자의 힘이 되어 준다。

凶=帝旺—長續되지 못하므로 트러블이 붙어 다닌다。

# 三、冠 帶

## (1) 冠帶의 特性

冠帶星은 自尊心이 強한 性格의 星이다。

冠帶는 成人의 星이다。名譽・尊敬・成功・向上心・繁榮을 暗示한다。

이 星은 強運의 星이다。따라서 自尊心이 강하여 自己本位로 생각하는 面이 있어 他人의 행동에 대해 항상 비판적이고 자기에 대해서는 正當化하므로 敵을 만드는 일이 많다。

宿命에 吉星이 있으면 이것을 도와 名譽를 얻고 또 發展한다。

여자는 有能하여 兄弟 및 집안 친척들까지 도우며 살지만 다만 자기 마음대로 하려는 強情이 있다。

## （2） 冠帶定局과 吉凶

生日의 日干을 기준하여 月支 관계로 본다。

甲日＝丑의 十二月生（大吉）—學術이 우수하다。

乙日＝辰의 三月生（中吉）—적극성이 있다。

丙日＝辰의 三月生（大吉）—적극성으로 나아간다。

丁日＝未의 六月生（中吉）—총명하다。

戊日＝辰의 三月生（吉）—건강에만 주의하면 吉하다。

己日＝未의 六月生（大吉）—名譽와 發展의 吉命이다。

庚日＝未의 六月生（凶）—行動이 거칠고 포악하다。

辛日＝戌의 九月生（吉）—여자는 부하다。

壬日＝戌의 九月生（凶）—女性은 後娶로 시집갈 운이다。

癸日＝丑의 十二月生(小吉)—利에는 밝고 智에는 어둡다.

### (3) 各柱의 冠帶

年柱＝어릴 때부터 天才라 불리울만큼 머리가 좋다. 부친의 사업 관계로 居住를 자주 옮기게 되며 中後分부터는 기초가 안정되어 幸福을 누린다. 그리고 부부간의 굴곡이 많다.

月柱＝青年時代에 불우할지라도 四十이 들어서면서 급격히 발전한다. 女子의 長女가 많은데 中年期에 부부간의 波紋이 일어나기 쉽다.

日柱＝女子는 용모가 아름답고, 부부궁도 吉하다. 才能이 뛰어나고 人望을 얻으며 남의 존경을 받아 사회적인 上位에 처하여 名聲을 떨친다.

時柱＝그 자식이 크게 되어 명성을 떨치고 自身도 이에 응하여 편안을 얻는다.

壬戌日 癸丑日生은 注意가 要한다.

四柱에 食神·傷官이 있으면 住居가 不安하고 부부 관계도 풍파가 많다.

### (4) 宿命星에 있는 경우

比肩＝어려서 養子의 신분이 되거나 남의 집에서 자라는 경우가 많은데 그 養育되는 곳의 혜택이 크다.

劫財＝青年期에 餘有있는 生活이지만 中年에 들면 파란이 많고, 동기간문제로 골치를 앓는다。

食神=좋은 가정의 환경에서 호강으로 자라 一生 안락하게 지낸다。 뿐아니라 妻子의 덕도 있다。 女子는 훌륭한 남편을 만나 행복하게 지낸다。

傷官=사업면에 부진한 경향이 있으나 傷官을 良導하는 星(財星)이 있으면 순조롭다。 여자는 남편으로 인한 고생이 많으며 再娶할 運도 加味되어 있다。

偏財=한창 번영중인 가정에 出生하여 부모의 은혜를 받는다。 經營家에 生長하는 경우가 많아 그 父母의 家業을 계승해서 발전시킨다。 남녀 共히 좋은 배필을 만나게 된다。

正財=대대로 행세께나 하는 名門에 태어나 호강함은 물론 自身도 중년부터 가업을 中興시킨다。 女子는 他柱에서 刧財를 만나면 남편궁에 어려움이 있다。

偏官=名門의 가정 出身、 自我가 강하고 偏屈된 성격이 있어 自招之禍로 不運을 겪는다。 父母의 權威를 등지고 행세하는 타이프、 여자는 남편문제로 곤고가 있다。

正官=幸福 發展의 吉運으로 計畫에 成就를 본다。 女子는 어진 남편을 만나 각별한 사랑을 받는다。

倒食=藝術이나 自由業에 종사하면 安閑하다。 그러나 事業 등 경영에는 실패하기 쉽다。 陰干日生이 吉하고 陽干日生은 파란만장한 生涯를 보낸다。

印綬=名門家에 出生하여 上流社會人과 접촉하게 되며 따라서 地位와 名譽 두 가지를 다 얻는다。

## (5) 運命

中年부터 발전한다. 그 以前에는 아무리 악착스레 노력해도 成果가 없다. 冠帶가 日·月柱에 있으면 良家에 태어나 반드시 기회를 잡게 되는 吉星이니 日常의 교제에 주의하여 敵을 만드는 일이 없도록 하라. 특히 強急한 性格을 부리면 災殃을 自招한다.

日柱에 冠帶가 臨한 中、冲·刑·倒食·刧財 등을 같이 만나면 배우자나 居住를 자주 바꾸기 쉽고, 詐欺事件 등으로 刑事上의 問題도 발생할 우려가 있다.

## (6) 相性

大吉＝病·胎ー社會的으로 부부가 서로 힘을 도와 발전하며 애정도 원만하다.

大凶＝墓ー결혼생활의 행운을 기하기는 어렵고 對人關係도 충돌이 생겨 많은 곤고가 따른다.

# 四、建祿

## (1) 建祿의 特徴

建祿은 名譽·安泰의 吉星이다.

建祿은 臨官이라고도 하는 바 官途의 星이다. 穩健·高尙·發展·豊富·財旺을 나타내는 大

吉星으로 人生에 비유하면 壯年時代에 해당한다.

건록은 평온한 발전을 유도하고, 自己 실력에 부합하는 지위를 얻어 十分 능력이 발휘되는

吉命이다. 生家에 있지 않고 他鄕에 나가 발전한다. 그러나 건록에 空亡이 들면 協助性·寬

容性이 결하여 잔소리가 많고 獨單的 주장을 내세우기도 한다.

陽干生은 實力者 타이프고 陰干生은 才智타이프, 일반적으로 알몸으로 시작해서 상당한 수

준의 成功을 얻는게 이 星에서 많이 볼 수 있다.

結婚은 男女 共히 晩婚이 支配的이다.

## (2) 建祿定局과 吉凶

建祿은 生月干과 各柱를 대조하여 본다.

甲日=寅의 正月生(大吉)—自立精神이 强하다.

乙日=卯의 二月生(吉)—衣食의 혜택이 있다.

丙日=巳의 四月生(大吉)—富貴·恩惠를 입는다.

丁日=午의 五月生(中吉)—예의가 바르다.

戊日=巳의 四月生(中吉)—명예를 얻는다.

己日=午의 五月生(凶)—孤立의 경향이 있다.

庚日＝申의　七月生(大吉)—명예와　利益을　모두　얻는다。

辛日＝酉의　八月生(凶)—色情으로　인한　투쟁과　손해가　있다。

壬日＝亥의　十月生(吉)—무리의　우두머리가　된다。

癸日＝子의　十一月生(中吉)—스스로　부귀를　얻는다。

## (3)　各柱의　建祿

年柱＝경영가(사업가)의　가정에　태어나는　수가　많고　父母의　은혜가　重하다。晩年에　좋은

특징이　전록의　吉運、드물게는　양자로도　들어가나　누리는　福運은　마찬가지이다。

月柱＝본래　月柱의　있음을　建祿이라　하므로　가장　吉한　格이다。비록　長男의　身分이라도　他

鄕에　활동하며　自手成家하는데　運도　強盛하다。中年期에　大發展、自我가　강하여　자기　의사와

맞지　않으면　事業의　변혁、居住의　이동을　자주　바꾸는　결점도　있다。

日柱＝이것을　專祿이라　한다。인덕이　많고　사회적인　지위를　쌓아　예술방면에도　능력을　발

휘한다。특히　甲寅　乙卯　庚申日의　專祿은　이러한　경향이　강하고　兄弟를　능가하는　위치에　이

를　것이다。

그러나　이상한　것은　幼年時代가　좋았으면　中年以後는　衰運이고、中年以前이　不幸하였으면

後半에　크게　發展한다。妻의　協力을　얻는　것이　중요하다。

時柱＝이것을　歸祿이라　한다。남자는　子息으로　인해　老來가　平安해지나　酒色을　즐기는　경

향이 있다. 女子가 時에 建祿을 놓으면 夫運을 克한다.

## (4) 宿命星에 있는 경우

比肩＝人望을 얻어 혜택받는 一生을 지낸다. 分家養子로 되는 例가 많고, 대개 他鄕에 나가 성공한다.

劫財＝파란이 중중한 運, 父母의 유산에는 인연이 없고, 남에게 속박되기를 싫어한다. 女子는 再婚의 가능성이 짙다.

食神＝부유한 가정에 태어나 의식주의 구애를 받지 않는다. 女息이 있으면 훌륭한 사위를 두어 사위의 덕으로 크게 발전한다.

傷官＝일찍 고향을 떠나 他關에서 赤手成家한다. 혹 父母의 유산이 있더라도 祖父母나 叔父의 재산이지 親父母의 것이 아니다.

偏財＝부모의 덕이 있고 사업도 발전한다. 甲日生 丙日生이 建祿·偏財가 同宮이면 財産家의 사위가 된다.

正財＝유복한 가정에 태어나 어려서부터 幸運을 누린다. 自身도 가업을 번창시키게 되며 특히 內助의 功을 크게 입는다.

偏官＝品位와 傳統이 있는 가정의 出身, 사회에서도 支配的 지위에 君臨한다. 女子는 離別·再婚의 암시가 있다.

正官＝名門家의 貴子로 태어나 大人物의 器局이 있으나 一生을 通하여 파란 곤경도 許多하게 겪는다. 中年 大發이오 晩年은 衰運이다. 時柱에 있으면 더욱 그러하다.

倒食＝부친과의 인연이 박하고, 본래 넉넉한 집안에서 出生했더라도 차츰 가운이 기울어 간다. 事業은 自由業을 선택하는데 따라 成敗가 달렸다.

印綬＝父母의 덕이 있어 호강으로 生長하는 반면에 自身은 父母平生에 근심만 끼치게 된다.

## (5) 運命

生家 즉 出生地를 떠나 生活하는 일이 많고 직업은 自己 취미에 의해 마음대로 선택해도 무방하다. 社交術이 좀 부족하고 偏屈性이 있어 閉鎖的인 경향에 흐르기 쉽고 他人의 간섭을 싫어한다. 전문적인 사업을 가지고 企畫하거나 藝術面에 명성을 떨치는 例도 많다.

女性은 未亡人이 많고 비록 남편이 있어도 없는 것과 다름없는 입장에 놓인다. 즉 남편이 능력이 없거나 다른 일에 골몰하여 자기 스스로 가정을 경영해 나가거나 직장생활을 하는 경우가 많다.

## (6) 相 性

大吉＝死・養—男女를 막론하고 吉하다.

吉＝長生・沐浴—매사에 協力을 얻는다.

凶=病・絶―사이좋게 해 나가기는 어렵다。

## 五、帝 旺

### (1) 帝旺의 特徵

帝旺은 支配力의 星、 또는 君王의 星이다。獨立・旺盛・單獨・頭領・浪費의 特性이 있다。

自尊心이 강하고 남에 아부하거나 屈하지 아니한다。才能發揮의 頂點이고、次代의 境界線

上에 해당한다。

獨立獨步의 정신으로 운명을 개척하지만 낭비가 심하여 金財는 남지 않는다。정직하고 強情

한 고로 남과 다투기가 쉽고 고립되기도 하나 어떤 때는 엄살을 부리기도 하고 어떤 때는 虛

勢를 부리기도 한다。한편 의리도 지킬줄 안다。

陽干日生은 強星이고 頑固한 타이프요、陰干日生은 조용하고 끈질긴 편이 있다。항상 개인

주의적인 행동이 발휘되어 직업에는 資格을 구비하지 않으면 伸張하기 어렵다。

### (2) 帝旺定局과 吉凶

帝旺은 日干을 기준한다。

甲日=卯의　二月生(大吉)—進步的　氣質이라　하겠다.

乙日=寅의　正月生(吉)—끈질기기가　강강하다.

丙日=午의　五月生(中吉)—中天에　빛나는　烈日과　같다.

丁日=巳의　四月生(吉)—爲人이　俊敏하고　運은　왕성하다.

戊日=午의　五月生(吉)—女子는　美女가　많다.

己日=巳의　四月生(凶)—신체에　장애가　있다.

庚日=酉의　八月生(小凶)—激한　성격이　결점이다.

辛日=申의　七月生(吉)—부지런하고　끈기가　있다.

壬日=子의　十一月生(大凶)—배우자를　克한다.

癸日=亥의　十月生(吉)—名利를　얻는다.

## (3) 各柱의　帝旺

年柱=좋은　家門의　出身이고　경제면에도　안정되어　부모의　은덕으로　행복을　누린다.

月柱=부모의　資産을　상속받을지라도　결국　파산하고　他鄉에　나가　自手成家로　가운을　復興시킨다.

남의　밑에　甘受하지　못하는　성격이며　항상　엄격하여　가정이나　사회를　막론하고　敬遠視되어　쓸쓸한　晚年을　보낸다.

日柱=비록 長男의 신분일지라도 祖業에 인연이 없으므로 남의 養子로 들어가거나 他鄕에 일찍 떠나간다。부의 인연이 박하고 일반적으로 한 자리를 이겨내지 못하는 燥强한 性格이다。여자는 丙午 丁巳 戊午 己巳 壬子 癸亥日生은 夫運이 不吉하여 離婚後 독신 생활을 하는 예가 허다하다。

時柱=자식이 발전 영달하여 이름을 떨친다。고로 老後는 자식 덕에 의하여 태평히 지낼 수 있다。

## (4) 宿命性에 있는 경우

比肩=인생항로에 파란이 많으나 독립심이 강하여 실력을 행사함으로써 기회를 잡아 운을 개척한다。兄弟나 朋友의 協助가 있다。

刧財=配偶者가 변동되기 쉽고、여자는 再婚의 數。男子는 가정과의 인연이 박하다。

食神=一生 安康하다。伯父母의 혜택이 있음을 暗示해 준다。직장에 있는 경우 주위 환경의 후원과 은혜로 상당히 발전한다。

傷官=生涯中 한 차례 극심한 곤경을 겪으나 晩年은 幸運이 보장된다。女性은 남편·자식의 인연이 박하여 離別한 뒤 재혼하는 경향이 강하게 작용된다。

偏財=유년 시절에 父母의 극진한 사랑을 받으나 실상 父母의 德이 없는 命이다。女子는 좋은 남편을 얻는다。

正財 = 부유한 가정의 出身이며 장래에도 안정된 생활을 유지한다。男性은 누이같은 妻에 支配되거나 妻家 살이하기 쉽고 女性은 과부운이라 한다。

偏官 = 偏屈한 성격인데 실력이 있어도 기회를 잡지 못하여 다소 不遇하게 된다。女子는 獨身女가 많다。

正官 = 근무인의 型、人望이 있고 직위도 오르며 名利를 다 얻는다。뿐아니라 자식덕도 있으므로 晩年에 平安하다。

倒食 = 父母宮이 不吉하여 再婚의 모친을 따라가 義父를 섬기는 暗示가 있다。고로 어릴 적에 곤고가 많은데 위와 같지 않으면 부모 모두 이별하고 친족의 손에 자랄 운이 엿보인다。

印綬 = 養子로 들어간 부친 밑에 出生하는 운。社會的으로 指導者의 위치에 君臨한다。

## (5) 運 命

男女를 막론하고 父母의 덕으로 成功할 운은 아니다。自尊心이 강하고 통솔력이 있어 頭領的 기질을 가졌으므로 남에게 속박되는 환경 속에서는 伸張을 못한다。매사에 적극적이어서 社會에서는 성공하지만 가정안에서 단란하게 사는 것은 바라기 어렵다。여하튼 고독하고 쓸쓸한 命이다。

女性은 결혼 후에도 직업을 가지게 된다。自由業이 적합하고 남에게 支配받는 業은 성격에 맞지 않아서도 못한다。

**(6) 相性**

**大吉＝長生・墓**—男女의 애정 뿐아니라 事業 交友에도 이득이 된다.

**凶＝胎**—트러블이 많고 스스로 속박하여 발전에 妨害가 된다.

## 六、衰 星

### (1) 衰의 特徵

衰는 孤獨을 좋아하는 특성이 있다.

衰는 退守의 星으로 溫厚・妥協・弱氣・淡白・不安定의 意味가 담긴 星이다.

무슨 일에나 無理하지 않는다. 人生에 비유하면 初老期로서 氣力・體力은 限界가 있으나 아직 餘勢가 있는 상태이다. 받은 것을 지키는 힘은 있으나 取하여 발전시키는 일에는 無力하다. 재산도 父母에게서 받은 것은 간신히 지키는 형태, 솔직히 말하면 차츰 줄어들고 있는 입장이다.

技術・연구 방면에 뛰어나고, 매사 조심성과 堅實性을 유지해 나가는 星이다.

## (2) 衰의 定局과 吉凶

衰는 生日의 日干을 기준하여 年月日 時支에 대조하여 본다.

甲日＝辰의 三月生(大吉)—信仰心이 두텁고 큰 功을 세운다.

乙日＝丑의 十二月生(中吉)—藝術方面에 발전한다.

丙日＝未의 六月生(大凶)—酒色에 빠져 亡身한다.

丁日＝辰의 三月生(小凶)—妻의 支配를 받는다.

戊日＝未의 六月生(凶)—좋은 기회가 적다.

己日＝辰의 三月生(大凶)—病弱하여 곤액이 심하다.

庚日＝戌의 九月生(大吉)—人生의 勝利者가 된다.

辛日＝未의 六月生(吉)—藝術的인 才能이 있다.

壬日＝丑의 十二月生(大凶)—金錢運이 나쁘다.

癸日＝戌의 九月生(吉)—社會的인 人望을 얻는다.

## (3) 各柱의 衰

年柱＝집안이 쇠약해가는 상태에 出生하거나 어려서 兩親을 잃는 등 幼年時의 困厄이 많다. 一生을 通하여 凶兆가 많은 暗示이다. 衰는 성격면에서도 內向性이므로 남의 앞에 나서

기를 꺼려한다.

月柱＝中年期에 남의 보증・알선 등을 하다가 엉뚱하게 경제적 어려움을 겪으며 가정생활

에도 不和가 많다.

日柱＝父母와의 인연이 박하고 한번 결혼으로 성공하기 어렵다. 甲辰 乙丑 庚戌 日生은 위

와 같은 운이 더욱 강조된다.

他柱에 강한 補助星이 있으면 재난이 없으며 中年後부터 발전이 기대된다. 他柱에서 病・死

・絕을 만나면 橫厄을 만나기 쉽다.

時柱＝不肖子를 두어 걱정이 많거나 자식이 發育不全하여 心苦가 많다.

## (4) 宿命星에 있는 경우

比肩＝兄弟姉妹와의 인연이 박하고 있더라도 도움을 못 받는다.

劫財＝片親의 운명, 즉 부모 한 분과의 이별이 있다. 아니면 남의 집에 養育될 경우가 많은

데 中年이 지나야 동기간이 모두 행복해진다.

食神＝出生 당시는 가정이 부유하였으나 차츰 기울어져 간다. 父母의 우환과 근심이 많다.

傷官＝부모와의 인연이 적고 의부모의 슬하에서 生長하며 平生을 통하여 不遇하다.

偏財＝名門家의 出生이라 하지만 少年期 以後는 가운이 쇠하여 晚年에는 不遇하게 지낼 暗

示가 있다.

正財＝처음은 부유하다가 차츰 기울어간다。 그러나 長成하여서는 自身이 발벗고 나서서 産業을 復興시킨다。 再婚의 女性과 결혼할 경향도 있다。

偏官＝一生 곤고가 심하다。 일찍 고향을 멀리 떠나면 自手成家한다。 특히 女子는 夫運이 나쁘고 金錢的인 곤고가 심하다。

正官＝名利에는 인연이 없으나 그런대로 平穩無事한 生涯를 보낸다。 女性은 夫를 克한다。

倒食＝어릴 적에 片親과 이별하기 쉽다。 비교적 고독한 운명이며 女性은 자식과의 인연이 박하다。

印綬＝온순한 성격으로 예술면에 才能이 풍부하다。 父母의 은덕이 없으나 自身의 才能을 行使하여 安定된 삶을 누리게 된다。

## （5） 運命

意慾을 가지고 活發하게 나아가는 人生은 아니고 매사를 살얼음 디디듯이 조심조심 처해나가야 하는 운세이다。 일반적으로 中年期에 접어들어야 무언가 發展의 기미가 보이지만 기회를 만나도 적극성이 결핍되어 놓치고마는 수가 적지 않다。 自給自足해야할 운명인만큼 부모의 유산이나 은혜 따위는 아예 기대하지 마라。 직업이 튼튼한 일이면 성공도 어렵지 않다。 商業·써비스業 등 사람을 상대적으로 하는 직업은 적당치 않다。 女性은 시어머니 때문에 고생한다。

### (6) 相性

生日干으로 相對方의 日支・月支로 맞추어 본다.

大吉=絕・沐浴=모든 일에 協力하고 도와 나갈 最吉의 相性이다.

中吉=建祿=여성의 입장에서 보면 남편의 친구가 된다.

大凶=養—부부간이라면 그런대로 나가지만 집안이 얽혀서 잘 안되어 나간다.

## 七、病 星

### (1) 病의 特徵

病은 남의 好感을 받는 風流人의 星이다. 病은 역시 衰退의 星으로 溫順・篤實・虛弱・內向性・悲哀의 意味가 담긴 星이다.

同情心이 두텁고 온화하고 침착한 성격을 갖추었으므로 남을 위해서도 힘을 기울인다. 재주가 여러 방면이고 취미도 다양하여 남에게 人氣 내지 호감은 받으나 의지가 약한데다가 空想力만 발달하여 實行에 옮기지 못하는 경향이 있다. 일반적으로 손해보는 성격의 소유자인데 반하여 神經質的인 면도 농후하다. 決斷力이 없는 것도 흠인데, 대체로 人品이 좋고 信用

을 얻어 남의 일에도 주선을 잘 한다。 한편 까다로운 면도 있어 淸濁을 倂飮할만한 큰 스케일을 지닌 頭領的 타이프는 못된다。

生日이 陽干인 경우는 積極的인 行動을 하고 進就의 氣象이 있으나 氣短한 사람이 많고、 陰干日生은 신경질이고 悲觀的이어서 매사에 체념을 잘 한다。

## (2) 病의 定局과 吉凶

生日의 日干을 기준하여 年月日時支들의 관계를 본다。

甲日=巳의 四月生(小凶)—外面性은 좋게 보이나 內面은 좋지 못하다。

乙日=子의 十一月生(小凶)—學問・藝術에 才能이 있으나 病弱하다。

丙日=申의 七月生(吉)—비록 一時的이지만 頭領格이다。

丁日=卯의 二月生(大吉)—官界에 投身하면 出世한다。

戊日=申의 七月生(小凶)—中途에 挫折한다。

己日=卯의 二月生(凶)—中年부터 운이 衰退한다。

庚日=亥의 十月生(凶)—才能은 있으나 不遇하다。

辛日=午의 五月生(大凶)—病弱하다。

壬日=寅의 正月生(中吉)—財를 모은다。

癸日=酉의 八月生(大吉)—文學者로서 名利가 雙全한다。

## (3) 各柱의 病

年柱＝父母가 衰弱일 때 出生하여 어려서 病弱하고, 晩年에도 가정문제로 곤고하거나 自身의 건강 관계로 苦生한다.

月柱＝中年期까지 순조롭게 발전하다가 後半에는 沒落하기 시작한다. 이에 空亡을 만나면 自身 혹은 아내가 病弱하다. 성격은 신경질이고 일에도 始終一貫을 못하여 實行力이 결핍된 면이 있다.

日柱＝나면서부터 病弱하다. 兩親을 일찍 이별할 수요, 妻德도 없으나 再婚인 경우는 늦게 安樂을 얻는다.

女性은 부드럽고도 內强한 面이 있으나 그 남편보다 먼저 死亡하거나 男子에게 속기도 한다. 戊申日 癸酉日生은 이러한 운이 더욱 강화된다.

時柱＝老後에 持病으로 고민하고 또는 子息의 健康 때문에 心的인 번뇌가 있을 暗示이다.

## (4) 宿命星에 있는 경우

比肩＝生家나 故鄕과의 인연이 박하고 家事에 복잡성이 생겨 고통을 겪는다.

劫財＝부모의 덕이 없다. 또는 부모의 憂患, 兄弟의 일로 간난 신고하는 暗示가 있다. 自己도 발전성이 없으며 力不足의 경향이 있다.

食神＝본래 財産家의 所生이지만 家庭內의 트러블이 자주 일어나므로 마음이 편할 날이 없다. 다만 子息덕으로 晚年에 安泰하다.

傷官＝부모와의 인연이 박하여 일찍 이별하고 친족과도 情이 멀어진다. 질투심이 강하고 남을 무시하는 경향이 있고 孤立無援한 운명이다.

偏財＝처음은 좋고 나중은 나쁘다. 부유한 가정에 태어났어도 成長하는 과정에 破産의 경지를 당하므로 遺産의 혜택을 받을 수 없다. 女子는 結婚後 病弱으로 고생한다.

正財＝財産家에 出生하지만 盛衰浮沈이 심한 生涯가 된다. 丙日生은 養子運이오 丁乙生은 경제면에서 一生 安定된다.

偏官＝일생을 통하여 파란이 많고 박복한 命이다. 女性은 初婚中에는 남편의 덕이 없으나、만일 再婚인 경우는 幸福을 期할 수 있다.

正官＝부친 때문에 고민이 많고 경제적으로도 혜택이 없으며、青少年 시절에는 자주 居住를 옮긴다. 男女가 다 자식덕도 없다.

倒食＝비록 父母에게서 遺産을 받을지라도 지키지 못한다. 경우에 따라서는 片親膝下에서 자란다.

印綬＝生涯가 不安定하고 轉業이 빈번하여 失敗가 많은 중 信用까지 잃어 再起의 機會가 絶望的이다.

## (5) 運命

이 星은 運氣가 매우 약하다. 그러므로 勝負面에는 아예 생각도 말 일이며 事業上의 不振

이 있다 해서 業種을 바꾸는 것보다 범위를 줄이고 自己의 페이스대로 나가는 것이 좋다. 中

年以後는 好轉되니 靑少年期를 잘 넘겨야 한다. 무슨 일에나 감당할 수 있는 才能은 있다.

肉體的인 직업은 不當하고 設計者·아나운서·藝術家 등이 吉利하다. 目的을 한 가지로 결정

하지 않으면 器用貧乏으로 災殃이 이르러 어쩔 수 없이 事業에서 손을 떼어야 한다. 건강에

도 십분 주의할 필요가 있다.

## (6) 相性

大吉=冠帶·胎—결혼상대나 事業관계에 있어서는 모두 진전이 잘 된다.

大凶=長生·墓—서로 다리를 끄는 結果로 맞치고 트러블이 끊이지 않는다.

# 八、死 星

## (1) 死의 特徵

死는 內氣·囚氣·固着性·야무진 일 등의 星이다.

死는 또 制止의 星으로 停止・制御・短氣・不遇・不決斷을 의미하는 星이다。그래서 견

努力家 타이프로 무슨 일에나 확실히 결정한 뒤에 行動에 나서는 성미가 있다。

실하지만 엉뚱하게도 性急한 경향이 결점이다。

內剛外柔한 성격、 또는 겉은 좋으나 內的으로는 까다롭고 고약스런 마음도 감추고 있다。

그래서 그 가족도 취급하기가 곤란해 하고 있다。

死는 沐浴의 相對的 星이다。신중히 지나쳐 망서리다가 모처럼 다가온 好機도 놓치곤 한

다。고로 모든 動作을 靜止하는 制御의 星情이라 한다。

이 星은 學者나 藝術方面으로 발전이 기대되어 日桂나 月桂에서 傷官을 만나면 技術로 성

공한다。

## (2) 死의 定局과 吉凶

生日의 干으로 기준한다。

甲日＝午의 五月生(小吉)―棟樑이 될 만한 才能이 있는데 色難을 당한다。

乙日＝亥의 十月生(中吉)―事務能力이 특출하다。

丙日＝酉의 八月生(凶)―寂寞하다。

丁日＝寅의 正月生(吉)―技術과 才藝가 능하다。

戊日＝酉의 八月生(凶)―결단력이 약하고 不遇하다。

己日＝寅의 正月生(吉)—創作의 능력이 있다。

庚日＝子의 十一月生(大吉)—명성을 얻고 발전한다。

辛日＝巳의 四月生(中吉)—藝術的인 才能이 풍부하다。

壬日＝卯의 二月生(凶)—파란이 중중하다。

癸日＝申의 七月生(小吉)—學者 타이프가 많다。

## （3） 各柱의 死星

年柱＝부모와의 인연이 박하고 대인 관계에는 인덕이 없다。

月柱＝兄弟姉妹와 死別하는 暗示가 있고 中年期에는 운세가 弱化된다。건강면에도 고통이 따른다。女性은 믿을만한 남편을 만나지 못하여 곤액으로 세월을 보낸다。

日柱＝大凶하다。그러나 이에 刑・冲・破가 있으면 도리어 凶化爲吉이 되어 근심이 없다。

어려서 큰 病을 얻어 九死一生으로 살아나고 父母의 덕조차 없다。또는 配偶者가 不具者인 경우도 있으며 子息 두기가 어려운 상태、그러나 子息의 입장에서 보면 安逸한데、다만 가정 문제로 근심을 하게 된다。

甲午 乙亥 庚子日生은 부부와의 인연이 박하고 辛巳日生은 부친과의 인연이 박하다。乙亥 庚子日生의

女子는 愛人과 남편을 변경하는데 바꿀수록 더 나쁜 사람을 만나게 된다。

여성은 더욱 不吉하다。

時柱＝자식과의 인연이 나쁘다。고로 자식을 두더라도 도움이 없는 운인데 차라리 養子를 얻는다면 도리어 幸福해질 수 있다。

## (4) 宿命星에 있는 경우

比肩＝친 兄弟間의 인연이 박하다。青少年 시절에는 육친의 덕이 없어 고생한다。그러나 中年後부터는 운이 열려 安穩한 生活을 누릴 수 있다。

劫財＝어릴 적에 兄弟姉妹와 死別한다는 暗示가 있다。人情이 없고 冷酷하여 자칫하면 浮浪兒가 되어 뒷골목 그늘진 人生을 걷기 쉽다。

食神＝父母의 덕이 없다。그러나 自手成家하여 기반을 굳히는 努力家이다。巨金에는 인연이 없으나 生活에는 궁색하지 않다。女子는 특히 자식복이 없다。

傷官＝兩親과 일찍 死別하는 운명, 열등 의식이 질투심으로 변하여 대인 관계가 삐뚤어진 경향이 많다。그럴수록에 孤立되어 곤액을 편치 못한다。

偏財＝가족과 이별이 심하고, 가정의 生活도 궁핍하여 고생을 겪는다。비록 父親이 資産을 지녔다 해도 그 부친은 守錢奴가 되어 가족을 고생시킨다。

正財＝원래는 부유한 집안의 出身이다。本人이 不遇한 탓으로 차츰 가세가 기울어 中年을 고비로 破産할 우려가 있다。甲이나 丙日生은 좋은 配匹을 얻게 되나 乙・丁日生은 重婚할 운이 엿보인다。

偏官＝一生을 통하여 浮沈起伏이 심하다。他鄕에 나가거나 환경을 변경하지 않는 것이 차라
리 편하다。괜히 남으로 인해 큰 損失을 당하리니 주의하라。
女子는 일찍 남편과 死別하고 再娶할 운명이다。

正官＝名譽毁損으로 인한 刑事問題가 일어날 暗示가 있다。비교적 運이 弱化하여 매사에 進
展이 희박하다。

倒食＝건강상으로 애로가 많고 成長한 뒤에도 身弱하여 무슨 일에나 迫力있게 進行해 나가
지 못한다。一般的으로 재앙이 따르고 福運이 박한데、만약 技術이나 藝能方面으로 生涯한
다면 小成은 可能할 것이다。

印綬＝모친과의 인연이 박하여 生離死別한다。事業을 자주 변혁해야 할 애로가 따르지만 終
局에는 安定된다。이 星이 配合된 사람은 약간 인색한 경향이 있다。

## (5) 運命

견실한 성격의 소유자, 우수한 재능을 가지고 있으나 名利에는 運이 없고、自營에 임하여
꼼꼼히 實績을 쌓아 올리는 운명이다。고로 生涯는 담박하나 平穩하다。좋은 指導者나 部下를
얻을 경우는 눈부신 발전도 기할 수 있어 大實業家 또는 高名한 技術者의 身分을 보장할 수
있다。대개 愼重한 성격으로 인하여 무슨 일을 손대지 못하고 할만한 일도 못하는 경우가 많
다。이 星의 配合人은 外交的인 것이 아닌 專門分野에 投身하면 吉利하다。

### (6) 相性

大吉＝建祿・墓―가장 이상적인 組合으로 配偶者・同業者를 만나면 크게 발전한다.

大凶＝沐浴―경제적인 장애가 많고, 生離死別의 暗示가 있어 인연이 永續되지 못한다.

## 九、墓　星

### (1) 墓의　特徵

墓는 庫 또는 葬이라고도 하는 바 貯蓄의 星이기도 하다.

墓는 固守의 星으로 別離・薄緣・孤獨・離家・吝嗇의 운명적 作用을 의미하는 星이다.

墓는 日沒 또는 빛이 地平線에 殘照하는 狀態다. 計畫性을 가지고 蓄積하는 事業家的인 星이다.

猜疑心이 강하고 度量이 좁은 결점을 가지고 있다. 四柱中에 이것이 二位가 있으면 吉이라 할 수 없으며 晩年運이 고독하다.

男女가 長男・長女가 아니면 끝째로 出生하기 쉽다. 中年後 父母를 奉養할 입장에 놓인다.

女性은 長男과 결혼한다.

## (2) 墓의 定局과 吉凶

甲日＝未의 七月生(凶)—苦惱・徒勞無功하다.

乙日＝戌의 九月生(凶)—實力不足의 意가 있다.

丙日＝戌의 九月生(大凶)—財產上의 궁핍이 심하다.

丁日＝丑의 十二月生(凶)—幼時에 危命의 患을 당한다.

戊日＝戌의 九月生(大吉)—大器의 才局이 있다.

己日＝丑의 十二月生(凶)—無用之人이라 하겠다.

庚日＝丑의 十二月生(大吉)—名利를 通達한다.

辛日＝辰의 三月生(大吉)—才能과 智謀가 뛰어난다.

壬日＝辰의 三月生(大吉)—大物. 女性은 淫亂하다.

癸日＝未의 六月生(大吉)—頭領運이다.

## (3) 各柱의 墓

年柱＝家運을 다시 일으켜 父母를 공양한다. 이런 命은 가령 末子의 身分이라도 先祖의 墓를 보살피는 사람이 된다.

月柱＝친 兄弟와의 인연이 박하고 배우자의 덕도 없다. 타인의 일을 관여하다가 出費도 많다。月柱와 日柱가 相沖되면 도리어 吉이니 資產家에 出生하여 一生 不足함이 없이 지낸다。

日柱=일찍 집을 떠나 風霜을 겪거나 居住나 事業의 安定을 못하여 社會의 낙오자가 되는 暗示가 있다。丙戌 丁丑 己丑日生은 凶兆가 더하다。그리고 처음이 吉하면 끝이 나쁘고、처

음이 나쁘면 끝이 좋은 二面性도 가진 命이다。女子는 남편의 덕이 없는데 丁丑 壬辰日生은 色情에 의한 트러블이 잘 생기고 인연을 바꾸

게 되는 일이 간간 있다。時柱=어릴 때부터 몸이 약하고 가정이 넉넉치 못하여 고생한다。그리고 時에 墓를 만나면

子息運이 나쁘다고 한다。

### (4) 宿命星에 있는 경우

比肩=어릴 적부터 親兄弟와 生離死別하고 고독한 몸이 되어 獨自的立場에 놓인다。一生을

통하여 盛敗가 極端的이다。劫財=가정 불화가 잘 생기고 부모의 혜택도 받지 못하며、性格의 破綻者가 되어 不遇不幸

한 생애를 보낸다。食神=祖先이 물려준 遺產을 받아 잘 지내다가 靑年期를 지나면서부터 運이 막혀 그 財產

을 다 없앤다。女性은 子息과 死別하는 수도 있다。傷官=父母와의 인연이 박하고、평범하고 安定된 一生을 보내기가 어렵다。

偏財=父親과의 인연이 없다. 일찍 고향을 떠나 풍상을 겪으며 中年에는 한 때 盛運을 만나 大發하고、晚年은 다시 衰退하여 매사에 不如意하다.

正財=유복한 가정의 出身으로서 호강으로 지낸다. 甲日生은 배우자로 인해 운이 열리지만 乙·丁·己日生은 아내와 死別할 우려가 있다.

偏官=항시 不運이 따라 浮沈變轉이 많은 命으로 妻子와도 別居한다. 女子는 남편을 일찍 이별하기 쉽다.

正官=家名을 더럽힐 운명이어서 法的인 말썽이 많이 생기고、가정내에도 걱정 근심이 항시 따른다.

倒食=무슨 일을 하거나 끝까지 계속하지 못하고 의지가 박약하여 과감하게 밀고 나가지 못한다. 게으름뱅이의 命이라 한다. 女性은 가정적으로 不幸이 많고 勞苦가 끊이지 않는다.

印綬=모친과 인연이 박하거나 모친의 우환으로 자신도 고생한다. 절약을 중히 여기는 만큼 비교적 경제면에는 安定된다.

## (5) 運 命

日柱와 月柱에 墓가 되면 大器晚成格으로 中年以後부터 運이 열린다. 한번 고향을 떠나 오래 轉轉하지만 老年期에는 다시 故鄕으로 돌아온다. 남자는 한번만의 결혼으로 성공을 못하고、여자는 養女의 운명이 되거나 長男에게 出嫁하는 경우가 많다. 그리고 살림에 알뜰해서 집안을 잘 구며 나가지만 약간 인색한 경향이 있다.

직업은 專門技術者·學者가 많은데 당연히 좋은 環境을 隨伴하여야 되는 것이 命의 條件이다.

## (6) 相 性

大吉=長生·帝旺—애정면 뿐만 아니라 對人 관계에도 최고로 좋은 配合이다.

大凶=冠帶—부부 인연이 길지 못하다.

## 十、絕 星

### (1) 絕의 特徵

絕은 胞라고도 하는데 人生의 模索中을 나타내는 星이다.

絕은 極衰의 星으로 浮沈·斷絕·短慮·別離·破産 등의 凶意가 담긴 星이다.

무슨 일에나 執着力이 결핍되어 찰나적인 충동에 떨어지기 쉬운 面을 지니고 있다. 좋게 말하면 開放的이지만 비밀과 약속은 꼭 지킨다. 때론 말이 많아 誤解를 부르기가 일쑤이고 組織이나 그룹에 迎合될 수 없다. 인내가 부족하여 일의 도중에 그만두고 다른 일에 손대곤 하므로 무척 바쁜 듯이 활동한다. 남의 어려움을 보면 몸과 재물을 아끼지 않고 돌보기를 즐기거나 인덕이 없어 그들에게 背信을 당한다. 甘言利說에도 잘 말려든다. 그러나 絕은 凶兆만 있는 것은 아니다. 行運이나 大運이 吉하면 氣運의 轉機가 되어 一躍 好轉한다.

女性은 愛情 감각이 풍부하면서도 開放的이므로 異性과 교제하는 즉시 性 관계를 가지는 경향이 많다. 初婚은 성공이 어려우며 年下의 남성에게 好感을 더 갖는다.

## (2) 絕의 定局과 吉凶

生日의 日干으로 기준한다.

甲日=申의 七月生(大吉)—훌륭한 人材라 하겠다.

乙日=酉의 八月生(凶)—애정 문제의 괴로움이 있다.

丙日=亥의 十月生(凶)—失權·災殃의 凶厄이 있다.

丁日=子의 十一月生(大吉)—名利를 榮達한다.

戊日=亥의 十月生(大吉)—治國하는 大臣格이다.

己日=子의 十一月生(凶)—色情으로 敗할 凶格가 있다.

庚日=寅의 正月生(凶)—인연이 깨질 근심이 있다.

辛日=卯의 二月生(大凶)—親子問題 및 婚姻의 어려움이 있다.

壬日=巳의 四月生(吉)—頭領이 될만한 人材라 하겠다.

癸日=午의 五月生(凶) —根基가 약하다。

## (3) 各柱의 絕

年柱=父母 곁을 일찍 떠나 自手成家해서 一身의 安泰를 얻는다。

月柱=社會에 同化하지 않고 孤立無依로 매사에 실패가 많고 一生 屈曲이 심하다。

日柱=父母의 인연이 박해서 長子의 신분일지라도 他鄉에 나간다。人氣商業으로 많은 재미를 보지만 好色과 自暴自棄에 빠져 生活의 기반을 무너뜨리기 쉽다。그리고 항시 自己中心으로 行動하려드는 獨善的인 경향도 농후하다。

男女가 다 부부의 인연을 오래 지속하기 어렵다。甲申 辛卯日의 女性은 성격이 격하고 신경질적이다。

時柱=대개는 자식운이 박한 暗示가 있다。

## (4) 宿命星에 있는 경우

比肩=동기간 인연이 없어 中年 이내로 死別이 많다。他家에 養子를 가도 공교롭게 그 집의 家統을 이어받지 못하는 暗示가 있다。

劫財=家運을 破하고 先祖의 이름마저 더럽힐 不孝無道의 인간이 되기 쉬운 命이다。一平生 불우하게 지낼 경향이 다분하니 독단적인 고집을 삼가야 한다。

食神=좋은 집안에 태어났다 해도 우연히 재액이 생겨 沒落의 위험이 있다. 그러나 이 점을 미리 알아서 發奮努力한다면 未然에 防止할 수 있다.

傷官=片親과 일찍 死別할 暗示가 있고 苦難과 災厄이 따르며 친족이나 아는 사람을 도와주려다 自身이 곤경에 말려들기가 일쑤이다.

偏財=가정적으로 적막하고 어릴 적에는 부친과 일찍 死別의 운이 作用한다. 그리고 一生을 통하여 成敗가 빈번하고 가정운이 나빠 孤寂한 세월을 보낸다.

正財=처음에는 부유한 집안의 자손일지라도 자신의 운세가 쇠하여 중년 후반부터는 辛苦가 많다. 乙·丁日生은 妻와 死厄이오, 甲·丙日生은 離婚의 暗示가 强하다.

偏官=금전적으로 고통이 심한 운세. 住居도 不安이오 子息運이 없어 낳아도 자주 실패하는 경향이 있다.

正官=自身의 잘못으로 家門을 더럽히고 生家의 遺産이 있더라도 不運으로 다 없앤다. 女子는 그 남편과 生離死別할 우려가 있다.

倒食=부모와 형제의 덕이 없어 一身이 孤立된 상태. 육친을 믿지 말고 혼자 自手成家에 힘쓰라.

印綬=가정이 衰退할 무렵에 出生하는 경우가 대부분이다. 부모의 덕이 없으니 부지런히 노력하면 안정된 生活의 기반을 세운다. 그러나 간간 波瀾이 있음을 暗示的으로 나타낸다.

### (5) 運 命

이 星은 육친과 가정의 덕이 없는데다 자신의 운세마저 불행하여 간난 신고가 따르는 命이

다。兩親이 不和할 때 出生하거나 沒落되는 가정에 태어나 어릴 적부터 고생하고 자라서도 榮

苦盛衰의 변동이 심한 星意이다。

女子도 家庭的으로 不幸하다。일찍 寡婦가 되기 쉬운데 晚婚을 하거나 年下의 男性과 결혼

하면 安泰하다。직업은 資格證을 소유한 직장 관계나 아니면 물장사 및 藝能方面에 發展의 징

조가 있다。

### (6) 相 性

大凶＝建祿―트러블이 많고 지속성이 없다。

大吉＝沐浴・衰―結婚相對、事業相對 등에 있어 大吉하다。

## 十一、胎 星

### (1) 胎의 特徵

胎는 束縛을 싫어하는 理想主義의 星이다。

胎는 光明의 時에 비유되는 星으로 溫柔·變轉·愚痴·希望·伸張의 意味가 담긴 星이다.

어둠 속에 一點의 光明이 생기기 시작하지만 아직은 未明의 새벽과 같은 상태이다. 고로 아

직 힘이 弱하고 적극성이 결핍되어 환경에 지배되기 쉽고 自主性이 결여되었다.

主人公은 부드러운 성격에다 유모어도 갖추고 있다. 根基를 필요로 하는 業에는 不合하고,

束縛당하는 職業은 싫어하는 理想主義者다.

男女가 다 長男·長女가 아니면 끝째의 신분으로 태어나는 수가 많고, 生家에 인연이 박하

다. 결혼운도 一次로 성공이 어려우며, 事業에는 方針을 一貫하면 드디어 繁榮을 期할 수 있

으리라.

## (2) 胎의 定局과 吉凶

生日의 日干을 기준한다

甲日＝酉의 八月生(大吉)—進就의 氣象이다.

乙日＝申의 七月生(吉)—文才가 있다.

丙日＝子의 十一月生(吉)—총명하다. 단 色情에 주의하라.

丁日＝亥의 十月生(吉)—좋은 배우자를 만난다.

戊日＝子의 十一月生(吉)—萬物育成의 力量이 있다.

己日＝亥의 十月生(凶)—意志가 박약하다.

庚日＝卯의 二月生(吉)—配偶者의 힘을 얻는다。

辛日＝寅의 正月生(大吉)—才能이 豊富하여 발전한다。

壬日＝午의 五月生(吉)—名利榮達한다。

癸日＝巳의 四月生(吉)—學藝의 才能이 있다。

## (3) 各柱의 胎

年柱＝부친의 變動期에 出生하여 파란이 있고、晚年은 가족과의 인연이 없어 친척에게 신세를 질 우려가 있다。

月柱＝中年期의 不運으로 애써 쌓아 올린 功績이 無로 돌아갈 暗示가 있으나 運勢의 最惡化를 초래할 염려는 없다。

日柱＝남녀가 다 어릴 적에 허약하고 질병이 따르나 青年期에 들어서며 健康해진다。丙子 丁亥 己亥 癸巳日生은 이와 같은 경향이 강하게 작용된다。

父母의 인연이 박하고 兄弟不和하며 一事에 철저하지 못하고 度量과 信念이 결여된 경향이 있다。직업의 轉變이 심한데 中年 이후부터는 安定된 生活이다。그러나 부부간에는 트러블이 많으며 丙子 己亥日生의 女性은 남편이나 시어머니와의 사이가 악화되어 離婚해서 再緣을 맺는 수가 있다。

時柱＝子息은 가업을 돌보지 않고 엉뚱한 일에 손을 대므로 자식으로 인한 혜택이 없다。

## (4) 宿命星에 있는 경우

比肩＝長男으로 태어났더라도 親父母를 섬기지 않고 他에 養子가 될 경향이 있다.

劫財＝가정내의 不安이 많으며 혹 異父를 섬기거나 異服兄弟姉妹가 있는 경우가 있다.

食神＝좋은 가정에 태어나 一生을 고생을 모르고 泰平히 지낸다. 부모덕이 있고 남의 인덕도 많은 命이다.

傷官＝一生을 통하여 起伏이 많다. 가정적인 덕이 없고 혹 妻家에 의탁하거나 祖母나 叔父母의 손에 자라기 쉽다.

偏財＝본래 가정의 혜택은 없으나 자라면서 金錢面에 애로는 없다.

正財＝부유 자족한 가정에 부모의 은혜를 받으며 成長한다. 乙·丁日生은 妻病으로 인해 곤액을 당한다.

偏官＝有足한 가정의 子息으로서 一生 幸福을 누린다. 女子는 결혼후 旺夫益子한다.

正官＝좋은 家門의 出身으로 才能도 뛰어나 크게 發展한다. 더욱 他人의 提携로 인해 日就月將한다.

倒食＝不運한 生涯를 지내게 된다. 生母와의 인연이 없어 부모 슬하에서 단란하게 成長하지 못하고 孤獨하게 산다.

印綬＝안정되고 평화로운 가정에 出生하여 將來까지도 福을 누리는 命이다.

（5）運 命

日柱나 月柱에 胎星을 만나면 內向的이고 女性的이면서도 父母의 事業에는 관심이 없어 다른 일을 피한다. 理想을 追求하려는 경향이 농후하고 現實性에는 밝지 못하다. 한 가지 일을 固守하지 않으면 平生 아무 것도 성취 못한다. 中年期까지는 無難한 운이오 晚年期에는 衰退運이며 부부 사이는 인연을 바꾸기 쉽다. 특히 여자가 더 그러하며, 才能은 있어도 基盤을 세우기가 어렵다. 公務員·會社員 등에는 인연이 없고 自營으로 生計할 命이다.

（6）相 性

大吉＝冠帶·病－戀人관계, 配偶者 뿐아니라 손을 잡고 同營하는 相對에도 最高의 配合이다.

大凶＝帝旺－결혼하면 인연이 변하기 쉽고, 暴君的인 남편과 히스테리의 아내가 된다.

十三、養 星

（1）養의 特徵

養은 養子의 運命을 나타내는 星이다.

養은 受胎의 時、 즉 胎中에서 發育하는 時에 비유됨인데 養子·分家·發展·色難·堅實의 暗示를 보인다.

養은 母胎中에서 營養을 攝取하는 過程으로서 아직 힘이 약하여 절대적인 모친과의 인연을 강하게 영향을 받는 星이다. 그래서 모친의 힘에 依持하여 어리광을 부리듯이 自己 멋대로 行動하는 面이 있어 自己의 생각대로 안되면 짜증을 부린다. 끈기가 없고 매사에 임하여 가볍게 취급하는 경솔됨이 있다. 그러나 모진 面이 없고 원만한 편이다.

養이 主된 命은 長子의 身分이 많아 혹 次子로 태어났어도 그 兄을 잃거나 他家로 入養하여 長子 구실을 하게 된다. 養은 中後부터 運이 向上된다.

## (2) 養의 定局과 吉凶

生日의 日干을 기준한다.

甲日=戌의 九月生(凶)—가정의 파탄이 발생한다.

乙日=未의 六月生(大吉)—貴命이다.

丙日=丑의 十二月生(大吉)—短命의 우려가 있다.

丁日=戌의 九月生(大凶)—波瀾萬丈하다.

戊日=丑의 十二月生(小吉)—向上進就의 의욕이 강하다.

己日=戌의 九月生(吉)—人情이 많다.

庚日＝辰의　三月生(大凶)―悲運에　넘어진다。

辛日＝丑의　十二月生(凶)―破産의　災殃이　있다。

壬日＝未의　六月生(凶)―損財・失物이　있다。

癸日＝辰의　三月生(大吉)―富貴를　얻는다。

### (3)　各柱의　養

年柱＝그　부친이　養子로　간　사람이　많고、　아니면　自身이　養子를　가거나　父母와　멀리　分家해서　사는　경우가　많다。

月柱＝中年期에　들어와　바람을　피우다가　가정에　풍파가　이르고　아울러　크게　損財할　우려가　있다。

日柱＝부모와의　인연이　박하고、　아니라도　친　부모와　함께　살　수　없는　立場에　놓인다。　日柱에　놓이면　男女를　막론하고　好色하여　一夫一妻로　마치지　못한다。　甲戌　乙未　庚辰　日生은　分家、　또는　養子가　되어　衣食의　富를　누리지만　再緣의　수가　있다。　女子는　破家　없으면　一生　幸運을　누리는데　단　庚辰日生은　남편운이　不吉하다。

時柱＝晩年에　子息의　孝養을　받는다。　養子相續에　依해　財가　足하므로　一生　不窮한　生涯를　누린다。

## (4) 宿命星에 있는 경우

比肩=兄弟가 離散된다. 異服兄弟가 있기 쉽고 中間에 헤어졌다가 老年에 우연히 만나게 된다.

劫財=남의 부모에게 養育되는 수도 있다. 아내를 고생시키거나 못살게 구는 경우가 많고、아니면 딴 女子와 다시 인연을 맺기도 한다.

食神=부유한 가정의 所生으로 自身이 노력한 발전은 없으나 父母의 재산을 지키는데는 足하므로 一生 궁핍됨이 없이 生活의 安定이 보장된다.

傷官=어릴 적에 祖母나 叔母의 손에 養育될 命이지만 一生 큰 고생이 없다.

偏財=그 부친이 養子인 경우가 많으며 아니면 自身이 남의 養子로 들어가거나 남의 손에 키워진다.

正財=資産이 넉넉한 집안에 태어나 호강으로 지내며、良家의 딸을 아내로 삼게 된다. 단 乙·丁日生은 妻에 德氣가 없다.

偏官=풍부한 가정의 귀한 자식의 신분이 되어 극진한 사랑으로 자라며 자신의 운도 吉하여 發達한다. 특히 自營에 성공하여 名利를 얻는다.

正官=穩健着實한 성격으로 무슨 일에나 才能을 發揮하여 뭇사람의 윗자리에 설 幸運이 있다.

倒食＝어릴 적에 부모와 生離別하고 片親을 섬기는 수며 生涯中 간난 신고가 많은 命이다.

偏業에 종사하면 財物의 궁색은 없다.

印綬＝工業이나 農業을 경영하는 집안에 태어나 그 家業을 이어받는다. 運이 吉利하여 계승된 業을 中興시켜 나간다.

### (5) 運 命

先祖 代代로 이어온 家風과 地位・名聲, 그리고 財産을 이어받는 運命이므로 대개 父母・祖上의 은덕에 힘입어 안정된 生活을 누린다. 급속한 발전은 없으나 순조롭게 되는 일이 대부분이다. 비록 次子의 경우라도 長子 역할을 담당하게 될 것이다. 商業이나 家門의 傳統的인 工藝・染色業 등 오랜 經驗으로 다져진 事業의 繼承이다.

### (6) 相 性

大吉＝死・建祿ー一生 안정된 결혼 생활이 되고 事業上의 相對도 吉하다.

凶＝衰ー항상 의견의 충돌이 있어 좋은 인연, 좋은 상대로 받아들이기 어렵다.

第六章　神殺의　暗示

# 一、生日干을 기준한　吉神

## (1) 天乙貴人

이 星은 吉神 가운데서도 가장 좋은 貴人星이다. 이 天乙貴人은 어느 柱에 있어도 凶星의 作用을 化하는 作用力이 있다. 이 星은 특히 長上의 提携 및 도움을 얻어 발전 성공시키는 貴星이므로 이 星을 만나면 名利를 쉽게 성취한다. 天乙貴人이 華盖와 같이 있으면 一國의 宰相이 되는 命이라 한다. 그러나 刑·冲·害·空亡이 되면 貴人星의 作用力이 解消되어 無力하다.

## (2) 太極貴人

太極은 太神이다. 이 星은 才能을 맡고 運을 保護하는 일을 담당하여 이 星이 柱에 있으면 親生家가 衰退하여도 自身의 命으로 晩年에 財를 聚하여 生活의 安定을 期하게 된다. 그러나 刑·冲·害·空亡이 되면 吉의 效力이 없다.

### (3) 文昌貴人

文昌은 文星이며 聰明의 星이다. 고로 이 星이 있으면 才德을 겸비하여 社會에 이름을 떨친다. 그럴수록 겸손함이 要求되는데 왜냐하면 총명이 지나쳐 小人輩의 시기와 모해가 따를 위험이 있다.

文昌은 凶을 만나도 能히 制化하여 不凶하고, 印綬를 만나면 藝術方面에 크게 성공한다. 文昌도 冲·刑·支合·空亡이 되면 作用力을 喪失한다.

### (4) 福星貴人

幸運을 가져다 주는 星이다. 壬日生이 日支에 이 星을 만나면 自力으로 地位를 쌓아 資産을 늘리고, 月柱에 있으면 父母의 遺産을 많이 받거나, 아니면 自營으로 中年期에 致富하며, 時에 있으면 子息을 잘 두어 晩年의 福祿을 누린다.

### (5) 天厨貴人

食神과 같이 衣食住에 혜택을 주는 星이므로 이 星이 있으면 복록이 창성하여 生活이 豊足하다고 한다.

**(6) 節度貴人**

이 星이 있으면 人格이 원만하고 남에게 존경과 신뢰를 받는 吉命이다. 단 소극적이어서 여러 사람의 윗자리에서 衆을 통솔하는 능력은 결여되었다.

**(7) 金輿祿**

명예와 재물을 雙得한다. 이 星이 있으면 妻德이 있는데 副室(二號)을 두어도 역시 그의 扶助가 크다고 한다. 이 星은 日柱나 時柱에 있음이 더욱 좋다. 一生 평온 무사하고 영화가 이르며 자손의 창성함을 기한다.

女子는 용모가 아름답고 재복이 풍부하다.

**(8) 暗祿**

平生 금전상의 구애가 없다. 예기치 않은 幸運이 이르고 凶한 일을 만나도 吉로 전환시키는 힘이 있다. 무슨 일에나 재간이 뛰어나고 手巧가 있어 다루어 쓰기를 원하는 이가 많다.

**(9) 夾祿**

두 가지 業으로 財를 모으는 暗示가 있다. 商人이면 支店 혹은 다각적인 경영에 좋고, 직장·회사·공무원인 경우라도 副業을 경영하면 收入이 순조롭다. 이 星이 刑·冲·空亡이 되면 그 吉星의 効力이 없다.

### (10) 十干祿

日干을 기준하여 年月日時支에 建祿이 있음을 말하는데 이것이 있으면 上位에 등용되어 信望이 두텁다고 한다.

## 二、生日干을 기준한 凶神

### (1) 飛刃

이 星이 있으면 自身은 물론이고 兄弟 및 親族에게까지 災殃이 미치는데 그 厄을 防備하기 어렵다 한다. 무슨 일에나 熱하기 쉽고 식어지기도 쉬운 성격으로 지속성이 없으며, 冒險·投機 등 勝負業을 즐겨 재산이 거덜난다. 고로 가까운 친족에게까지 災難이 미치게 된다.

### (2) 紅艶

多情多感한 반면에 理性보다 감정의 지배를 받는다. 이 星의 특징은 好色的이어서 貞操觀

念이 희박하므로 異性問題가 많이 일어난다。쉽게 말해서 男子는 色狂이고 女子는 妖婦型이다。丙寅 辛酉 壬子日生의 女子는 설사 가정이 좋더라도 娼婦가 되기 쉽다。

### (3) 流霞

이 星의 誘導力은 酒色에 빠져 家庭을 잃어버린다。男子는 他鄉에 나가 行方不明이 되고、女子는 流産의 厄이 있다。그리고 中年後로 持久한 病難에 辛苦한다。

### (4) 垣城

이 星이 있는 命은 아내의 바람기、不貞에 고민이 많고、吉凶間에 極端的이므로 매사에 신중을 기해야 된다。이 星이 있고 傷官을 만나면 罪를 犯하고 刑獄에 囚禁될 우려가 있다。

## 三、生月支로 본 吉神

### (1) 天德貴人

이 星은 능히 凶兆를 制壓하고 慶福을 불러와 生涯中 安泰를 期해 주는 吉星이다。諸難을 해소시키는 힘이 있어 柱中에 財星이나 食神을 만나면 재운이 大發하고、印綬・正官이 있으면 社會的 上位에 위치한다。단 刑・冲을 만나면 吉의 作用을 상실하고、天乙貴人과 같이 만나면 吉中에 最吉한 命이 된다。

**(2) 月德貴人**

天德貴人과 같은 作用力을 한다。天德을 太陽、月德을 太陰이라 해서 日月光이 萬物에 光明의 은혜를 베푸는 것에 비유한다。天德・月德은 日柱에 있는 것이 最上이오、月柱에 있으면 中年까지 吉한 作用力이 미친다。月德이 있는 中命式에 干合・支合이 있으면 福運이 더 강하게 발한다。

**(3) 華盖**

華盖는 藝家의 星、日柱에 있으면 技術로 성공하는데 단 女性은 家庭運이 不吉하다。華盖는 空亡이 되어도 社會에 이름을 떨치고 時柱에 있으면 晩年에 孤獨한 命이다。日干의 墓를 만나면 醫師・宗敎家・藝術家가 된다。이 星이 日支에 있으면 男女가 다 배우자 및 異性의 혜택이 없다。

**(4) 注受**

이 星은 富貴를 불러다 주는 吉神으로 危地에 있어도 他人의 도움을 얻어 難이 해소된다。

(5) 月 空

世上에 名望이 높아 指導者의 位置에 君臨한다.

四、生月支로 본 凶神

(1) 天 耗

이 星이 있으면 윗사람으로부터 害를 받아 재물을 잃는다.

(2) 地 耗

이 星이 있으면 手下나 部下로 인하여 損財한다.

(3) 血 刃

이 星은 銳利한 쇠붙이 즉 칼이나 槍 등에 다쳐 피를 흘린다는 作用力이 있다. 교통 사고 등도 주의하라. 또는 遺傳에 의한 腦病·結核·產厄 등의 凶兆로 大手術을 겪게 된다.

**(4) 血 支**

負傷·刺傷·落傷·手術 등으로 피를 많이 흘리게 된다는 무서운 凶星이다.

**(5) 金 鎖**

短命의 星이라 하며 自己 또는 子息에게 災厄이 있어 夭折하는 命이다.

**(6) 斷 橋**

자연적으로 끊인다는 暗示의 星이다.

부모·형제·친척과의 인연이 박하고, 外國 등 먼 곳에 가서 消息이 없거나 맺었던 인연이

**(7) 白衣殺**

男子는 妻子를 앞세우고, 女子는 남편이나 자식을 일찍 잃게 되는 凶星이다. 生日이 弱하면 自身이 短命하고 強하면 不具者나 病身이 되는 수도 있다.

**(8) 隔角殺**

性格이 삐뚤어진 者가 많고 言動에 모가 진다. 放蕩·無賴漢이 되어 父母와의 의가 끊이는

것은 물론이려니와 사람에 따라서는 刑獄에 갇히는 수도 많다。

五、 特殊神殺星

이는 限定된 日辰만으로 보는 神殺이므로 神殺自體의 暗示가 他神殺보다 더욱 강하게 작용

된다。

（1） 魁罡

魁罡星은 戊戌 庚辰 辰戌 壬庚日生을 말한다。

이 괴강은 大貴・嚴格・聰明을 의미하지만 항상 二重性格을 가지고 있으므로 속으로는 冷

酷・暴虐・粗暴・災厄의 暗示를 간직하고 있다。

특히 庚戌 庚辰日生이 四柱에 正官・偏官을 만난 경우와、 戊戌 壬辰日生이 正財・偏財를

놓은 경우는 더욱 凶暴性이 강화된다。

괴강星이 刑・冲을 만나면 異常한 운명에 直面한다。

이 星을 가진 女性은 男性을 克하고 結婚하면 그 남편이 橫死하여 고독한 과부의 宿命이라

한다。

## (2) 淫欲殺

음욕살은 甲寅 乙卯 己未 丁巳 丙申 辛卯 戊戌 癸丑日生을 칭한다.

이 星을 가지면 色情의 트러블이 있고 성질이 强靭하여 남이 싫어하며 肉親과도 不和하다.

男性은 妻와 生離死別 수가 있고 女性은 兩親에게 괴로움을 끼친다.

## (3) 日 貴

日支에 天乙貴人을 놓은 것으로 丁酉 丁亥 癸巳 癸卯日生이 모두 日辰의 天乙貴人星이다.

순수한 성격과 人望을 지니고 있다. 용모가 단정하고 수려하며 家門을 빛내고 자신의 名聲도 떨친다. 단 刑·冲을 만나면 吉한 作用이 없어진다.

## (4) 日 德

甲寅 丙辰 壬戌日生이 日德이다.

성격이 온유하고 慈悲心이 있다. 凶運을 만나도 능히 救해 주고 어려움이 있어도 災厄을 받지 않는다.

## (5) 日 刃

陽干日生이 日支에 羊刃을 놓은 것을 丙午 戊午 壬子日生이 日刃이다.

日双을 놓은 命은 남녀가 다 배우자를 剋한다。女性은 作用力이 더욱 강하여 夫運을 破하

고 悲運에 빠진다。고로 이것을 놓은 여성은 專門職을 가지는게 좋을 것이다。

## (6) 懸針殺

甲申 甲午 辛卯가 四柱의 어느 곳에 있어도 해당된다。

日柱에 있으면 妻子를 克하고、柱中에 己酉를 만나면 殺傷을 犯한다。女性은 最凶의 星이

다。

## (7) 驛 馬

일반적으로 寅·申·巳·亥를 驛馬로 본다。역마는 時柱에 있음을 가장 喜하고 다음은 生

日、다음은 月柱에 있음을 좋아한다。

壬申＝大敗·尖馬라고 하여 분주노력하지만 徒勞無功으로 남는 재물이 없고 도리어 재물만

잃는다。

甲申·丙申·戊申＝건강이 좋지 못하고 人生의 起伏과 변동이 많다。

庚申＝이를 天關馬라 하는데 財祿을 실어다 주는 吉馬이다。

乙亥＝이를 天德·絕馬라 하여 주위는 희생될지라도 자기만은 발전된다

丁亥＝天乙·臨官馬라 하여 公務員·警察 계통이 吉利하다。

己亥＝旺祿・長生馬라 하는데 生涯가 安樂하다。

辛亥＝病・正祿馬라 하는데 多病한게 흠이나 商業命에는 最吉하다。

癸亥＝大敗馬라 하는 바 文筆家・畫家는 이를 만남이 吉하다。

甲寅＝正祿馬라 한다。文藝方面에 卓越한 才能이 있다。

丙寅＝이를 福生馬라 하여 財가 大發한다。

戊寅・庚寅・壬寅＝吉凶이 極端的이고 安定性이 결여되었다。

乙巳・丁巳・己巳・癸巳＝柱中에 이것이 있으면 福力을 얻어 大發한다。

# 第七章 大運·行運 定하는 法

宿命的(命式)으로 아무리 吉한 命을 타고 났고, 또는 아무리 不吉한 命을 타고 났다 할지

라도 그 運勢는 한결같지 않고 반드시 盛衰起伏이 있기 마련이다. 우리가 특히 알고자하는 것

은 自己가 타고난 宿命的 暗示가 어떤 星에 支配되어 있으며 어떤 人生의 路程을 걷게 되며,

또는 어느 시기에 吉凶의 作用을 하는가 일 것이다.

運勢의 盛衰(바이오리즘)에서 비유하건대 大運이란 人生航路와 같고 行運이란 그때 그때

일어나는 波濤와 같다.

이상 설명에 의하여 당신의 過去・現在・未來를 推理鑑定해 보라.

특히 당신의 過去轉換期가 어느 宿命星에 當하는 年(大運・行運)에 있었는가를 考察하면서

研究하면 本 冊이 단순한 抽象論이 아닌 具體的 確實性이 있다는 點을 깨달을 수 있으리라 믿

는다.

大運・行運은 貴命星과 十二補助星에 의하여 構成되며, 空亡星은 대나무(竹)에 비유하면 마

디(節目)에 해당된다고 보아야 한다.

# 一、大運 定하는 法

## (1) 順逆運과 大運歲數

前章 基礎項目에서 간단히 說明한 바 있거니와 大運은 節入日과 生日 사이의 日數를 計算해

결정한다。 그런데 여기에는 順運과 逆運의 두 가지로 구별하지 않으면 안된다。

命式이 逆運에 해당되는 경우가 있고 順運에 해당되는 경우가 있어 다음과 같은 요령으로

定한다。

逆運＝生日과 그 前의 節入日(過去節)과의 日數가 얼마인가 계산한다。

順運＝生日부터 다음 돌아오는 節入日 사이가 얼마인가 計算한다。

이 逆運과 順運의 구별은 男女의 구분과 生年干의 陰陽에 의하여 定해지는데 다음과 같다。

男性＝甲・丙・戊・庚・壬의 陽干年에 出生하면 順運을 쓰고、乙・丁・己・辛・癸의 陰干

年에 出生하면 逆運을 쓴다。

女性＝男性과 반대로 본다。 즉 甲・丙・戊・庚・壬의 陽干年에 出生하면 逆運을 쓰고、乙・

丁・己・辛・癸의 陰干年에 出生하면 順運을 쓴다。

假令 壬戌年 三月 十七日 午時에 出生한 男女를 例로 하여 說明해 보자。

壬은 陽年이고 男子라면 順運에 해당한다。 壬戌年(西紀 一九八二年)의 萬歲曆을 보니 生日

後 節入은(陽男이므로) 立夏로서 四月 十三日에 든다。 生日인 三月 十七日에서 四月 十三日

(立夏)까지의 日差는 二十六日間이 된다。 이 二十七日을 三으로 除하게 되니 九라는 數가 나

오는 바 이 數가 大運數가 된다。 大運은 十年을 周期로 하여 九年・十九年・二十九年・三十

九年 등으로 바뀌게 되었다。

주의할 것은 日差를 三으로 除하여 나머지가 二일 때는 一을 더 加算하고 나머지가 一인

서 경우는 一을 없애버린다. 즉 四捨五入의 원칙인 바 여기에서는 一捨二入이 되어야 한다.

다음은 위 例의 四柱를 女命으로 해서 大運數를 計定해 보자.

壬戌年 女性은 陽女이므로 逆運을 쓰게 된다. 고로 三月 十七日(生日) 이전의 節入을 찾아

보니 三月 十二日에 淸明節이 든다. 이 淸明日과 生日까지의 日數는 五日이고, 이 五라는 日

差를 三三除之하니 一에 二가 남는다. 一을 加算하니 二가 되어 이 命의 大運數는 二가 된다.

고로 二年·十二年·二十二年으로 大運數가 十年씩 바뀐다.

※ 甲·丙·戊·庚·壬年生의 男子를 陽男, 女子를 陽女라 하고, 乙·丁·己·辛·癸年

生의 男子를 陰男, 女子를 陰女라 한다.

**陽男·陰女는 順運이니 未來節을 쓰고, 陰男·陽女는 逆運이니 過去節을 쓴다.** 未來節이

란 生日 以後에 맨 처음 돌아오는 節入日이고, 過去節이란 生日 以前으로 맨 처음 당하는

節入日이다.

## (2) 大運表의 作成

다음은 위 例의 四柱로 大運表를 作成해 본다.

太歲　壬戌　壬戌
月建　三月　甲辰
日辰　十七日　癸亥

時間　午時　戊午

（空亡은 子丑）

우선 위와 같이 命式을 記錄하고, 大運에 큰 영향을 주는 空亡을 表한다.

이 四柱를 男女別로 다음과 같이 大運에 따르는 大運數를 定해 본다.

## ○ 男命인 경우(順運)

壬戌　甲 傷官 子衰（九歲）

甲辰　乙 食神 丑冠帶（十九歲）

癸亥　丙 正財 寅沐浴（二十九歲）

戊午　丁 偏財 卯長生（三十九歲）

　　　戊 正官 辰養（四十九歲）

　　　己 偏官 巳胎（五十九歲）

陽男陰女의 順運은 日柱를 기준으로 하여 日柱 다음의 干支인 癸亥, 다음 干支인 甲子부터 시작해서 乙丑 丙寅 丁卯 戊辰 己巳 庚午로 六十甲子順次를 順布한다. 그리고 그 밑에 보기 와 같이 大運數를 十年씩 건너 記入한다.

## ○ 女命인 경우(逆運)

壬戌　壬 劫財　戌 衰(二歲)

甲辰　辛 倒食　酉 病(十二歲)

癸亥　庚 印綬　申 死(二十二歲)

戊午　己 偏官　未 墓(三十二歲)

　　　戊 正官　午 絕(四十二歲)

　　　丁 偏財　巳 胎(五十二歲)

　　　丙 正財　辰 養(六十二歲)

陰男陽女의 逆運은 日柱를 기준하여 六十甲子順次를 거꾸로 逆布한다。例의 命式은 女命이고 陽女이니 逆運이다。고로 癸亥日 前인 壬戌에 시작하여 逆인 辛酉 庚申 己未 戊午 丁巳로 나간다。

위와 같이 記入한 뒤 그 밑에 大運數인 二歲부터 붙여 十二歲・二十二歲 등으로 十年씩 붙여 나간다。

다시 말하여 우선 生年月日時로 四柱를 定하고、生年干으로 陽男陰女인가 陰男陽女인가를 구분하여 順運・逆運을 알아낸다。

順運은 生日로부터 다음 맨 먼저 돌아오는 節入日까지의 日數를 計하고、陰男陽女인 逆運은

生日로부터 그前의 節入日(거꾸로)까지의 日數를 計하여 各各 三으로 나누어 나오는 答의 數

를 大運數로 定한다。(나머지가 一이면 없애버리고 二면 答數에 一을 더 加算한다。)

順運은 生日의 干支를 基準하여 다음 干支(六十甲子順序)를 적어나가고、逆運은 生日干支

를 基準하여 그 前의 干支부터 六十甲子順을 거꾸로 表記해 나간다。맨 처음 表記한 干支 밑

에 大運數를 記入하되 十年씩 건너 記入한다。

위 보기와 같이 空亡・宿命星(比肩・刧財 등)과 補助星(長生 등)을 大運 밑에 記入한다。

다음은 六十甲子의 順逆早見表이다。

## ○ 六十甲子 順運

甲子 乙丑 丙寅 丁卯 戊辰 己巳 庚午 辛未 壬申 癸酉
甲戌 乙亥 丙子 丁丑 戊寅 己卯 庚辰 辛巳 壬午 癸未
甲申 乙酉 丙戌 丁亥 戊子 己丑 庚寅 辛卯 壬辰 癸巳
甲午 乙未 丙申 丁酉 戊戌 己亥 庚子 辛丑 壬寅 癸卯
甲辰 乙巳 丙午 丁未 戊申 己酉 庚戌 辛亥 壬子 癸丑
甲寅 乙卯 丙辰 丁巳 戊午 己未 庚申 辛酉 壬戌 癸亥

## ○ 六十甲子 逆運

癸亥 壬戌 辛酉 庚申 己未 戊午 丁巳 丙辰 乙卯 甲寅

癸丑　壬子　辛亥　庚戌　己酉　戊申　丁未　丙午　乙巳　甲辰
癸卯　壬寅　辛丑　庚子　己亥　戊戌　丁酉　丙申　乙未　甲午
癸巳　壬辰　辛卯　庚寅　己丑　戊子　丁亥　丙戌　乙酉　甲申
癸未　壬午　辛巳　庚辰　己卯　戊寅　丁丑　丙子　乙亥　甲戌
癸酉　壬申　辛未　庚午　己巳　戊辰　丁卯　丙寅　乙丑　甲子

## 二、行運

### (1) 行運이란

行運이란 매년 돌아오는 太歲(年의 干支)를 말하는 바 가령 西紀 一九八三年은 太歲(干支)가 癸亥年이 된다。 이 癸亥를 自己의 命式과 어떤 관계인가를 살펴서 吉凶作用을 推理하는 것을 行運鑑定이라 한다。

가령 今年 三十五세된 어떤 命式으로 癸亥年의 運을 본다고 하자。 먼저 太歲數 三十年限을 支配하는 大運의 干支를 찾고(어느 干支에 해당하는 大運인가) 그 行運이 生日을 強하게 하는가 弱하게 하는가(五行 相生相克의 原理로)를 본다。

行運이 좋아도 大運이 도와주지 않으면 그 힘이 弱하고、 行運이 나빠도 大運이 吉하면 그 나쁜 作用力이 감소되기 때문이다.

가령 財運을 볼 때 어떤 이는 단돈 百萬원 정도만 생겨도 그것을 巨金으로 여겨 기뻐하지만, 어떤 이는 一億이 생겨도 시시하게 여기는 사람도 있다. 金錢도 각각 그 사람의 현재 환경과 處地에 依해 많고 적은 것이지 꼭 어떤 기준을 두고 多少를 결정지을 수가 없다. 이 多少의 기준을 決定하는 것이 大運이라면 돈이 생기고 안 생기는 것은 行運이다. 行運은 當年의 운수가 어떤가를 아는데 가장 중요하다. 今年 뿐아니라 過去와 未來도 같은 方法으로 推理한다.

## (2) 行運 定하는 요령

위 大運에는 項目의 四柱(男子)를 例로 하자. 生日이 癸亥日이고, 一九八三年의 干支는 역시 癸亥이다. 癸日이 行運 癸와의 관계는 比肩이고 十二補助星으로는 癸의 亥는 帝旺이 된다. 이 例의 四柱로 今後 五年間의 行運表를 적어 보자.

| (日柱) | (西紀) | (行運) | (宿命星) | (補助星) |
|---|---|---|---|---|
| 癸亥日 | 一九八三年 | 癸亥 | 比肩 | 帝旺 |
|  | 一九八四年 | 甲子 | 傷官 | 建祿 |
|  | 一九八五年 | 乙丑 | 食神 | 冠帶 |

一九八六年　丙寅　正財　沐浴

一九八七年　丁卯　偏財　長生

같은 방법으로 月·日의 干支에 의해 各月과 各日의 宿命星·補助星을 내어 吉凶을 감정할

수 있다。

生日의 天干을 기준하여 위와 같이 各年 各月과의 어느 宿命星과 補助星이 위치하는가에

의해서 감정하는 바인데 各年은 年의 現象의 進行狀態를 表示하고、各月은 年의 現象의 發端

을 表示하고 있다。 다음과 같이 다섯 가지로 例를 들어 간단히 說明한다。

① 獨立運＝比肩·劫財의 年 ⎫
② 成長運＝食神·傷官의 年 ⎬ 建設期
③ 發展運＝偏財·正財의 年 ⎫
④ 轉換運＝偏官·正官의 年 ⎬ 好運期
⑤ 停滯運＝倒食·印綬의 年—準備期

특히 留意할 점은 生日을 기준하여 空亡이 드는 해가 어떠했는가를 確認해 보기 바란다。

## ○ 宿命星 및 十二補助星 早見表

| 區分＼月干 | 甲日 | 乙日 | 丙日 | 丁日 | 戊日 | 己日 | 庚日 | 辛日 | 壬日 | 癸日 |
|---|---|---|---|---|---|---|---|---|---|---|
| 比肩（宿命星） | 甲 | 乙 | 丙 | 丁 | 戊 | 己 | 庚 | 辛 | 壬 | 癸 |
| 劫財 | 乙 | 甲 | 丁 | 丙 | 己 | 戊 | 辛 | 庚 | 癸 | 壬 |
| 食神 | 丙 | 丁 | 戊 | 己 | 庚 | 辛 | 壬 | 癸 | 甲 | 乙 |
| 傷官 | 丁 | 丙 | 己 | 戊 | 辛 | 庚 | 癸 | 壬 | 乙 | 甲 |
| 偏財 | 戊 | 己 | 庚 | 辛 | 壬 | 癸 | 甲 | 乙 | 丙 | 丁 |
| 正財 | 己 | 戊 | 辛 | 庚 | 癸 | 壬 | 乙 | 甲 | 丁 | 丙 |
| 偏官 | 庚 | 辛 | 壬 | 癸 | 甲 | 乙 | 丙 | 丁 | 戊 | 己 |
| 正官 | 辛 | 庚 | 癸 | 壬 | 乙 | 甲 | 丁 | 丙 | 己 | 戊 |
| 倒食 | 壬 | 癸 | 甲 | 乙 | 丙 | 丁 | 戊 | 己 | 庚 | 辛 |
| 印綬 | 癸 | 壬 | 乙 | 甲 | 丁 | 丙 | 己 | 戊 | 辛 | 庚 |
| 長生（十二補助星） | 亥 | 午 | 寅 | 酉 | 寅 | 酉 | 巳 | 子 | 申 | 卯 |
| 沐浴 | 子 | 巳 | 卯 | 申 | 卯 | 申 | 午 | 亥 | 酉 | 寅 |
| 冠帶 | 丑 | 辰 | 辰 | 未 | 辰 | 未 | 未 | 戌 | 戌 | 丑 |
| 建祿 | 寅 | 卯 | 巳 | 午 | 巳 | 午 | 申 | 酉 | 亥 | 子 |
| 帝旺 | 卯 | 寅 | 午 | 巳 | 午 | 巳 | 酉 | 申 | 子 | 亥 |
| 衰 | 辰 | 丑 | 未 | 辰 | 未 | 辰 | 戌 | 未 | 丑 | 戌 |
| 病 | 巳 | 子 | 申 | 卯 | 申 | 卯 | 亥 | 午 | 寅 | 酉 |
| 死 | 午 | 亥 | 酉 | 寅 | 酉 | 寅 | 子 | 巳 | 卯 | 申 |
| 墓 | 未 | 戌 | 戌 | 丑 | 戌 | 丑 | 丑 | 辰 | 辰 | 未 |
| 絕 | 申 | 酉 | 亥 | 子 | 亥 | 子 | 寅 | 卯 | 巳 | 午 |
| 胎 | 酉 | 申 | 子 | 亥 | 子 | 亥 | 卯 | 寅 | 午 | 巳 |
| 養 | 戌 | 未 | 丑 | 戌 | 丑 | 戌 | 辰 | 丑 | 未 | 辰 |

# 第八章　行運宿命星의　暗示

# 一、 比肩年(獨立・轉換・行動法)

## （1） 總論

個人＝무슨 일에나 적극적이 되므로 새로이 일을 計畫하거나 행동에 옮긴다。自覺心에 눈뜨고 獨立心이 나와 있으므로 自己를 속박하고 있는 환경에서 탈피하고 싶어지고, 끊어내고 싶으리라。對人 관계에 受動體로 있던 사람도 적극적인 행동을 하게 된다。

離婚을 생각하던 사람은 곧 행동으로 옮겨 別居나 離婚을 강행한다。연애에도 적극적이어서 짝사랑해 오던 사람은 확실한 결정을 지을 용기가 생겨난다。결과의 좋고 나쁜 것은 別로 하고 결단을 필요로하는 해가 된다。

健康面은 日干과 同한 年이므로 좋은 편이지만 行動의 周期에 當하므로 필요 이상으로 활동하다가 交通事故・투쟁 등으로 傷處를 입을 우려가 있다。

社會＝이제까지의 환경에서 빠져나오려 한다。轉職・移徙・獨立의 문제가 구체적으로 나오므로 큰 轉換期가 된다。때로는 社會를 그만두고도 싶다。

帝旺이 同逢이면 獨立하려는 의욕이 강렬하다。事業을 확장코자 行動에 바쁘고 막연히 지나던 사람도 目標를 결정하는 일에 기운을 낸다。父母의 입장이면 子息의 문제로 떠나기도 하고、딸이 시집을 가거나 家出人이 있는 등 吉凶 간에 움직이는 상태다。

比肩은 兄弟姉妹의 星이므로 年老한 경우라면 兄弟間에 死別의 징조도 있다。

## (2) 比肩空亡

個人＝結論을 너무 급히 서두르다가 실패하거나 親人과 이별의 수가 보이지만 기분만은 어쩔지 가만히는 있지 못할 상태에 임한다。건강에는 관심이 소홀하다가 충돌사고 혹은 넘어져 骨折傷을 당하거나 過勞로 持病이 發作하거나 하게 된다。

社會＝무리를 하다가 실패하거나 轉職・獨立・轉居 등이 있으나 대개는 損害가 압도적이다。

陽干日生은 다음 해에 劫財와 空亡이 거듭되고、陰干日生은 前年이 그 空亡이 들게 되므로 長期計畫이 아물지 않으면 심한 轉換期가 된다。가정적으로는 兄弟・六親의 不幸・트러블 등이 발생한다。

## (4) 比肩의 運勢

職業＝轉職・轉勤의 운、空亡이 되지 않으면 榮轉이다。이 해는 自己의 意志에서 일어나는 일이 많고、大運에 補助星이 吉하면 獨立이나 新業을 實行하여도 成功한다。

金運＝전환기에 당하므로 出費가 많아 돈을 남길 狀況이 아니다。도리어 돈을 빌어 쓰게 되며、空亡이 없고 大運이 吉하면 모험적 출자나 借金도 有利하다。

戀愛=男子는 財月에 기회가 있다. 특히 年月이 같이 空亡이면 연애의 시발점이 된다. 女性은 正·偏官月이 機會인데 이 해는 적극적이 되어 自己犧牲을 暗示하므로 惡의 경우 이쪽의 一方的 열정에 불과하지만 成功률은 높다.

結婚=男性은 大運에서 財運, 女性은 官運이 支配되면 約婚 및 결혼을 하게 된다. 比肩의 해는 結婚은 스피이드 結婚이 되기 쉽다.

健康=入院中이면 病勢가 好轉되거나 元氣 있게 活動하는 상태다. 건강한 사람은 肥大해지는데 空亡年이면 여행이나 한가한 때 사고를 만나는 확률이 높으니 이 점 주의해야 한다.

家庭=가정으로부터 떠나 生活하고 싶은 충동이 강하게 일어난다. 이 해를 만나 命式이 나쁘면 家出하거나 부부간에는 別居를 論한다. 그러나 空亡이 아니면 기분만으로 그치지만 空亡이면 친족의 不幸이 생기거나 兄弟에 낙상, 혹은 病者가 생긴다.

子息=자식은 곁에서 떠나려 하는데 단 나쁜 원인에 인한 것은 아니다.

住居=이사운이 아니면 새로 집을 짓거나 수리하게 된다. 아니면 店舖·營業地·土地 등의 변혁이 있으나 空亡되면 작용력이 미약하다.

旅行=空亡年이면 기간의 길고 짧음에 구애됨이 없이 삼가는게 좋다. 특히 한가한 때에는 사고나 재난을 당할 가능성이 작용되고, 사업상의 動態는 空亡이 없는 한 적극적이라도 나쁘지 않다.

二、劫財年(離散・損失・厭世觀)

## (1) 總論

個人＝자기의 生에 대해서 疑惑이 생긴다. 挫折感과 諦念, 무우드 狀態가 되어 무슨 일이

든지 熱意가 없어 포기하고 싶어진다. 사업의 책임감도 희박해져 실패가 생기고, 대인 관계에

트러블이 많이 생긴다. 나쁘게 되는 경우 게으르게 행동하여 연애에 있어서도 무책임한 짓을

하다가 곧 싫증을 내고 만다. 결혼 생활에는 파탄이 일어나고 外地에서 女子관계가 생긴다.

女子는 남편의 질병, 사고로 인해 정신적 육체적 곤고가 있다.

劫財는 애정을 잃는 운이다. 사업이나 인간 관계에 있어서도 나쁜 결과가 지배적이다.

건강은 정신적인 태만에서 오는 사고나, 과로에서 오는 神經系, 呼吸器系의 病에 걸리기

쉽다. 또는 原因不明의 病에 걸리거나 단순한 감기가 엉뚱하게 다른 病의 원인이 되는 수도

있으니 주의해야 한다.

社會＝사업상의 실패・손실이 많고, 주위에서 귀찮은 일이 생겨 出費가 많다. 會社員은 책

임 문제가 나오고, 經營人은 解散・縮小가 된다. 특히 劫財月은 더욱 주의가 要하는 바 盜難・

不渡手票問題・保證人事故 등 달갑지 않은 책임 문제가 대두된다.

또 劫財가 지닌 暗示로 投機나 모험을 하다가 大敗하기 쉽다. 고로 사업 확장, 獨自的 經營 등에 고려해야 한다. 空亡年이면 凶兆가 더욱 강화된다. 가정에도 영향이 미쳐 日可日否 다툼이 생기고 父子 관계·離婚 문제·친척과의 不和·子息의 素行 등 골칫거리만 생겨난다.

## (2) 劫財空亡

個人＝염세적인 충동이 강하게 일어난다. 고로 일의 결과, 命式에 따라서는 自殺까지 企圖 및 實行하는 경우도 突發한다. 進行하던 일을 갑자기 그만두는가 하면 行動에 책임감이 없다. 劫財月을 당하면 타박상이나 기타의 사고가 발생할 우려가 있고 肋膜이나 結核에도 걸리기 쉬운 운이다.

社會＝사기를 조심하라. 사업상의 실패가 크고 出資나 投機로 損失을 유도한다. 貸借 문제가 발생하고 가정에서는 六親의 死亡·離別·친구의 죽음 등 슬픈 일이 일어나기 쉬운 해다.

## (3) 劫財의 運勢

職業＝會社員은 責任 문제 등이 생겨 左遷되거나 심한 경우 免職되는 운이니 주의하라. 또는 동료와의 단합(同業)이 잘 안되어 짜증이 생긴다.

大運도 만일 劫財運이면 사업의 실패로 不渡를 내거나 부주의에 의한 도난, 사업상의 차질, 손실이 많고 때로는 轉業·破産이 된다. 空亡이 들면 凶兆가 한층 더하다.

金運＝헛돈이 나간다. 그것도 친지나 친지의 부탁으로 어쩔 수 없이 빌려주는 경우, 그리고 保證을 섰다가 변상의 책임을 지는 일, 남의 주선으로 出費가 거듭된다. 劫財의 暗示는 損財인만큼 특히 주의를 기울여야 한다. 不動産 문제가 생기면 반드시 訴訟으로 발전한다.

戀愛＝失戀의 해, 감정적으로 아니꼬와서 포기하는 경우도 있고, 라이벌이 생겨 상대의 마음은 다른데로 옮겨가기도 한다. 시기로는 劫財月·傷官月에 이러한 일이 응한다. 또 이 해에 시작되는 이성 교제는 거짓투성이의 교제다. 心神의 傷함이 크다. 空亡되어 있으면 持續性이 더욱 짧고 또는 엉뚱한 일이 생겨 골치를 앓는다.

結婚＝未婚인 경우 자기의 意思에 의하여 결혼하는게 아니고, 주의의 상황에 따라 응하는 정도, 구체적으로 말하면 失戀의 좌절감에서 자포자기되어 될대로 되라 하는 무책임한 심정으로 결혼을 승낙해 버린다.

웬만큼 命式이 강하거나 大運이 좋지 않으면 파탄은 필연적이다. 이미 결혼 생활중인 경우는 감정의 엇갈림, 사업 실패의 충격 등으로 히스테리가 생겨 걸핏 비위만 상하면 이혼 문제를 들썩거린다.

특히 남자에게 劫財는 克妻의 意의 星이고, 女子는 라이벌의 星이므로 아내의 근심, 남편의 바람을 불러온다. 만일 空亡이 겹치면 離婚은 필연적이라 하겠다.

健康＝특히 落傷을 당하기 쉽고, 과로에서 오는 疾患도 주의하라. 근소한 원인으로 發病하기 쉬우며 한번 걸렸다 하면 하찮은 病이라도 오래 간다. 空亡이면 傷害事件같은 것이 유발된다.

家庭＝가족의 기분이 산산조각이 되어 紛爭이 끊이지 않고, 가족중에 病者와 負傷者가 생겨 난다. 兄弟 관계의 일로 뒤치닥거리를 하느라 골치 아프게 되기도 한다. 空亡이면 더욱 강화되어 이러지도 저러지도 못하는 紛亂에 휩싸여 고민하게 된다.

子息＝子息의 家出로 근심이 생기고 심한 경우 事故로 인해 자식을 잃는 수도 있다. 父母의 의사에 반대되는 일을 많이 저지르고, 그 자식이 어린 경우는 원인 모르는 病에 걸려 父母의 애를 태우기도 한다.

住居＝집, 또는 不動産을 購入하게 된다. 空亡年이 아니고 補助星이 吉하면 住居運은 매우 좋다. 劫財는 자기를 위하여 出費하는데는 무방하지만 投機 등을 爲한 出費는 그 十分의 一도 건지지 못한다.

旅行＝정신적 전환을 위한 여행이라면 無妨이라 하겠으나 그래도 劫財月・空亡에 해당하는 달은 피하는게 좋다. 強行하면 盜難・旅中의 충돌 등이 발생한다. 개인적 단독 여행보다 가족과의 동행・그룹 여행 등이 吉하며 장거리 長期間이라도 무해하다.

# 三、食神年(保守・放心・受身)

## (1) 總 論

個人＝食神의 해는 安定期의 年이다。장래의 吉運이 예측되는데 정신적으로도 상당한 위안과 기쁨을 맛본다。行動面에는 활발성이 결여되나 敎習을 시작하든지、資格을 따는 일 따위、장래의 준비를 위한 일을 하는데 매우 좋은 運이다。한편 기분적으로 느슨한 感이 생겨 사업상의 미스나 對人 관계에 남에게 利用당할 우려가 있다。남의 受動的인 입장에 놓이기 쉬우니 放心하고 있으면 의외의 失笑를 禁치 못한다。食神은 또 美食・好食의 暗示가 있어 暴飮暴食을 하다가 消化器의 장해가 올 가능성이 있으니 주의하라。女性은 婦人科・泌尿器科나 홀몬의 不均衡(언밸런스)에서 肥滿體質이 되기도 한다。

社會＝느슨하게 움직이는 경향이 있고 일에도 注意力이 흩어지기 쉽다。근무자의 경우 일에 미스를 일으키거나 본의 아니게 損害를 주던지 하여 信望을 잃기도 한다。經營人은 통찰력・계획성・社會的 考慮가 없이 힘에 겨운 일에 손을 뻗치다가 손실을 招來한다。空亡이 되면 法的인 문제、형사 소송문제를 일으키는 例도 허다하다。

食神年은 일의 과정에 있어 대개 중동무이가 되는 경우가 많다。 가정적으로는 가족중심의 상태이므로 원만하고 安泰하다。 혹 遠親의 不幸한 消息은 들려오나 가정에 직접 영향이 미칠 만한 不祥事는 생기지 않는다。

## (2) 食神空亡

個人＝기분적으로 懶怠하기 쉬워 安心할 수 없는 일에도 泰然하게 있다가 失敗하는 경향이 있다。 특히 書類決裁 문제・契約 문제 등에 주의하라。 그리고 請負를 맡는 일에 機會를 놓치기 쉬우니 이런 경우에 留意해야 한다。

건강면에는 胃腸病을 조심하여 飮食에 신경을 써야한다。 왜냐 하면 今年은 飮食 대접받을 기회가 많기 때문이다。

女性은 內分泌系의 病과 婦人科 계통의 疾患에 注意가 필요하다。

社會＝公的인 문제가 발생하기 쉽다。 고로 대수롭지 않게 생각하다가 犯罪에 관련되어 곤액을 치르는 경우가 있다。 가정에서는 자식의 건강 문제나 事故로 인해 근심이 생기는데 女性은 食神年에 空亡을 만남을 특히 주의해야 한다。

## (3) 食神의 운세

職業＝安定된 상태로 돌발적인 변화는 없지만 근무상의 실수를 주의해야 한다。 自營人은

共同經營의 件이 생기고, 필요 이상으로 사업에 心身의 浪費도 한다. 혹은 相對方에게 말려들어 利用당하거나 詐欺를 당하거나 手票割引에 손을 대었다가 損失이 생기는 수도 있으니 이런 일은 삼가는게 좋다.

金運＝收入되는 해는 아니지만 過去의 노력이 결실되어 착실하게 뻗어나가므로 금전 유통은 안정된다. 그러나 어디까지나 그간의 功果에 의한 所得이므로 이 해에는 新規的인 일을 모색하면 실패한다. 空亡年이면 盜難을 조심해야 한다.

戀愛＝受動的인 상태, 주위에서 紹介가 있거나 相對方의 직접적인 告白으로 연애가 성립되지만 三角關係가 되거나 들뜬 氣分이 될 때가 많다. 즉 깊은 생각이 없이 상대방의 페이스에 말려들기가 쉽다. 空亡年이면 썩은 인연이 되고, 空亡이 아니면 男女가 다 異性의 혜택이 있고 교제할 기회도 많다.

結婚＝未婚男女는 약혼 또는 結婚의 해가 된다. 旣婚인 경우 家庭的인 安定이 있으나 경우에 따라서는 女性은 이 해에 바람이 난다. 社會的인 考慮도 없이 순간적으로 過誤를 저지르기 쉽다. 그리고 食神은 女性에게는 子息星이므로 姙娠의 可能性이 높다.

健康＝食慾이 왕성해서 過食으로 인한 胃擴張이 될 경향이 많고 營養攝取機能이 衰하기 쉬우나 보편적으로 볼 때 건강에 큰 지장을 초래하지는 않는다. 空亡이면 婦人科 계통의 手術을

家庭＝순조로운 상태다. 다만 自主性이 결핍된 경향이 있어 모든 일은 他에 依해서 지배되받게 될 가능성도 있다.

기 쉽고、 가정의 紛亂은 없으나 다소 散漫한 일이 생기는데 이를테면 子息의 無端家出 등의

일이다。

子息॥空亡年이면 子息의 健康에 注意해야 되고、 年齡에 따라 進學問題 등 子息으로 인한

支出이 많이 생긴다。

住居॥計畫에 머무는 정도에 지나지 않는다。 不動産의 購入은 피해야 좋고 家屋・店舖의

增築・改築 등에는 해가 없다。

旅行॥여행중에 혹 盜難・紛失이 생길 우려가 있으나 個人的인 旅行은 무방하다。 食神星은

休息期에 해당하므로서이다。 그러나 公的인 여행에는 書類 혹은 物品의 紛失 등으로 여행목

적을 달성하지 못할 우려가 있다。

四、 傷官年(焦燥・紛爭・誤解)

(1) 總 論

傷官॥이 해를 맞이하면 적극적으로 나가고 싶은 충동이 일어난다。 社會에서는 自己를 强하

게 밀어내려고하는 상태여서 초조감이 일어나고、 트러블이 많게 된다。 對人的으로도 不和가

생겨 自己를 抑制하기 힘드므로 자연 親人과 멀어지거나 自身이 먼저 社會 속에서 떠나기도

한다。 이유없이 조급한 해가 되어 理性보다는 감정에 지배되어 차분한 計畵性이 결여된다。

空亡이 年・月에 모두 거듭되면 大厄年이 되므로 여러 가지 事件에 말려들어 곤경을 치를 위

험이 있다。 또 傷官은 長上(上司)을 剋하는 性質이 있으므로 下剋上의 過誤를 犯하여 刑罰을

받을 暗示力도 있다。 感情的인 신경질이 持病을 再發시키고、 空亡되어 있으면 神經衰弱이나

노이로제에 걸릴 경향도 있다。

社會=不和・紛爭으로 인하여 訴訟事件을 일으키는 일이 적지 않다。 勤務人은 同僚나 部下

의 잘못을 덮어쓰거나、 罷職될 우려도 있다。 自營人은 人員整理를 하거나 部下의 背信、 혹은

失策으로 인하여 內部가 혼란될 경지에 이르기도 한다。 그러나 社會的面에서는 그런대로 發

展을 期하지만 人間問題로 특별히 고충을 당한다。 이에다 空亡이 되어 있으면 더욱 영

향을 유도한다。

## (2) 傷官空亡

個人=오해와 초조감으로 괜히 破滅的인 行動을 自招하기 쉽다。 최악의 경우 反社會的인 사

건을 일으켜 法網에 걸려드는 수도 있다。

命式에도 傷官星이 있으면 위와 같은 일이 더욱 강조되는데 公務員이나 會社員은 上司와

충돌하여 失職되거나 名譽를 損傷하여 亡身한다。

건강면에서는 傷官空亡月에 큰 상처를 입을까 두렵고 심한 경우 칼부림 등으로 인해 큰 상

해를 당해서 手術하게될 경지까지 이른다。疾病은 盲腸・痔疾 등으로 고생한다。

社會=不和・紛爭・誤解・事業의 失敗가 많이 발생한다。經營人은 刑事問題・訴訟是非가

일어나 不利한 입장에 놓이기도 한다。혹은 工場 및 自宅에 火災를 당할 우려도 있고、經營

의 不振으로 資金難에 逢着하여 差押까지 당할 가능성도 다분하니 무슨 일에나 低姿勢로 겸

손하게 對處해야만 이러한 厄이 없을 것이다。

家庭面에는 父母와의 死別이 있을 징조、女性은 남편과 不和하거나 남편의 질병에 의한 別

居가 있으리라。

## (3) 傷官의 運勢

職業=傷官은 轉變의 星이므로 轉業 및 離職問題가 具體化된다。이는 대개 트러블에서 나

오는 일이 많고 上司와 同僚의 對人關係가 원인이 된다。獨立的인 직업에는 不利하므로 自營

은 不振한 狀態이니 무리한 확장이나 신규적인 것은 試圖하지 말아야 한다。不渡를 내든지

큰 債務를 지고 허덕이기 쉽다。

金運=命式과 大運에 따라 관계되지만 傷官年은 最惡의 상태、예기치 않은 支出이 많고 事

業上의 문제나 病者治療에 의한 費用・事故에 의한 保障 문제・盜難・火災・去來處의 倒産 등

으로 不意의 손해가 발생한다。月에 傷官을 또 만나면 大難은 피하기 어렵다。

戀愛=연인과의 트러블을 암시하고 있으므로 失戀의 苦盃를 마신다。특히 女性은 몇년 동안

交際해 오던 연애에 終止符를 찍게 된다.

空亡年이면 男女가 다 相對方과 事故로 離別하든지 가정 사정으로 인하여 고향에 돌아감으로써 別離하게 된다.

命式에도 傷官이 있거나, 大運이 나쁜 사람은 서로 다투다가 傷害事件 같은 不祥事가 발생한다.

結婚＝事業 및 직장의 不安定이나 金錢 문제, 生活能力 등의 어려움으로 결혼이 연기되거나, 갑자기 주위의 반대가 생겨 다 되어가는 결혼담에 妨害가 생긴다. 旣婚人은 理由도 없는 권태증이 생겨 別居 또는 離婚까지 대두된다. 空亡年이면 절대적인 운이 작용된다.

傷官年은 女性에 있어 結論을 내는 것이 特色이다.

健康＝外科 계통이나、手術을 겪을 暗示인데 한 번으로 치료가 안되고 長期的이다. 持病이 있는 사람은 正官月에 더욱 惡化되어 入院까지 한다.

傷官空亡月에는 自動車 衝突事故나 싸움으로 인한 상처를 입거나 직장에서 근무중 사고가 발생하는데 어떤 病이라도 手術까지 하게 된다.

家庭＝肉親의 生離死別을 포함해서 相續問題로 인한 투쟁이 생긴다. 病者가 발생하는 등 어수선한 일이 連生하고 부부간에도 의사 충돌이 일어난다. 특히 부부가 같이 손잡고 경영하는 경우에는 트러블이 더욱 심하다.

傷官年이고 또 空亡年이면 夫婦中 어느 한 편이 疾病을 얻어 눕게 된다.

子息‖子息의 반항·家出 등의 근심이 많다. 命式에 傷官이나 正官이 있으면 子息이 家出하여 行方不明이 된다. 自身 夫婦의 不和에서 원인이 되어 그 자식이 病을 얻거나 事故를 저지르는 수도 있다.

住居‖불조심을 하라. 新築이나 家屋購入에 대한 일은 일어나지 않으나 사업상의 실패로 인해 어쩔 수 없이 移轉하게 될 可能性은 있다. 勤務人이나 旣婚女性의 경우 轉居確率은 높다.

이 傷官年에 移轉하면 永續性이 강한 것이 특징이다.

旅行‖가족을 동반한 여행은 무방하나 사업을 목적으로 한 여행은 뜻을 이루지 못한다. 또 個人旅行은 災害·事故를 暗示하고 있어 不得已한 경우가 아니면 그만두는 게 좋다.

## 五、偏財年(奉仕·投資·財運)

### (1) 總論

個人‖마이 페이스 즉 내멋대로 활약하는 해가 되어 무슨 일에나 적극적이므로 주위에서도 協助를 아끼지 아니한다.

財星이란 自己 즉 日干이 剋하는 五行이므로 自己動作을 表한다. 때문에 이 周期에는 自己

가 직접 활동하여 힘을 내는 해라고 할 수 있다. 또 남의 일 주선에도 관계되어 바쁜 해가 되고 장래의 준비 단계를 맞이하는 해다.

특히 남성에게는 여성과의 인연이 강하게 작용하는 해로, 연애·결혼의 기회가 많아진다.

건강면에는 소화기 계통에 주의하라. 發病까지는 이르지 않더라도 慢性化될 가능성이 있어 傷害年에 發病, 手術이 될 원인을 일으킬 수도 있다.

社會=自己의 능력을 인정받을 좋은 운이니 적극적으로 진출하는데 장애가 없다. 勤務人은 實力에 正當한 評價를 얻어 발전하고, 自由業인 藝術·技術人은 世上에 나올 기회이며, 사업가나 商人은 돈을 버는 해가 되어 그 利益을 回轉資金이나 擴張에 投資하면 더욱 좋다.

多忙하여 쉴 날이 없는 해가 된다. 가정에서는 부친의 병환이나 자식 관계의 변동이 일어난다.

男性은 戀愛·結婚·浪漫·三角關係 등 여성 문제가 생기는데 특히 財月에 作用된다. 女性은 이와 같은 일을 正官月에 당하기 쉽다.

### (2) 偏官空亡

個人=金錢이나 女性 문제로 고민이 생기나 해결이 잘 안된다. 財運은 조급하게 서둘다가 손실하고, 또는 異性交際로 인한 費用 때문에 괴로와 한다. 他人의 돈을 축내거나 詐欺에 말려들 가능성도 있다.

健康은 胃腸·腎臟의 障害나 노이로제 등의 정신적인 장애가 따른다.

社會＝去來上의 失敗로 인한 財政의 손해·盜難이 있고 經營에서는 雇用人의 橫領 및 돈을 가지고 逃走하는 일이 생기리니 주의하라.

또 傷官空亡이 든 해는 法的問題의 의문점이 생기는데 被害者의 입장 뿐아니라 自身이 加害者가 될 수도 있으니 自重하지 않으면 一生의 汚點을 남기게 된다.

가정에서는 父母의 우환·妻病·愛人 문제로 번민이 생기고 안정이 안된다. 男性의 경우 이 경향이 강조되고 여성은 남편의 바람. 戀人의 變心에 고민한다.

## （3） 偏財의 運勢

職業＝經營人은 實績이 올라 安定을 期하고 勤務人은 昇進하여 고기가 물을 얻은 듯이 活躍한다. 특히 正官日에 發하는데 그 달이 空亡되면 逆의 결과가 되어 有名無實하다.

金運＝비교적 원활하나 많이 남을 정도는 아니고 단순히 金錢의 活用에 지장이 없는데 不過하다.

男性의 立場에서 財星은 女子로 보므로 돈이나 女子, 어느쪽에 比重을 두느냐에 따라 운이 다르게 작용된다. 단 大運에도 財星을 만나면 巨金을 잡을 수 있게 되므로 多少의 浪費가 있더라도 까딱도 않는다. 勤務人은 副業에 손을 대라 이 기회에 한번 히트한다.

戀愛＝女性은 정신적 초조가 생기는 年이지만 몸 지키는데 철저한 편이 좋고, 적극적으로

나오면 남성에게 천대를 받는다。대개 年下의 男性에게 인연이 있으므로 이 해에 맺은 연애

관계는 결혼까지 성립되기는 어렵다。

男性은 女性에 대해 적극적이어야 하는 운이므로 機會가 많다。평소 여성과 인연이 없던

사람도 이 해에는 근사한 상대를 만나 교제하게 된다。그러나 空亡이 있으면 女子로 인해 浪

費하거나 三角關係에 얽혀 고민하게 된다。

結婚=男性은 約婚 또는 結婚이 성립된다。女性은 애인 관계가 많이 생기고 約婚中이면 상

대방에게 迷惑됨이 많아 결혼이 연기되거나 약혼이 취소된다。空亡年이면 남녀가 다 結婚을

빙자한 詐欺가 아니면 사기에 의한 결혼 등의 문제가 발생하리니 주의해야 한다。

健康=위장병의 발단이 되기 쉽다。空亡되어 있으면 胃潰瘍・胃癌 등의 惡病을 暗示하므로

주의가 필요하다。일반적으로 크고 작은 病을 막론하고 오래 끈다。

家庭=男子는 아내나 부친의 병으로 걱정이 생기고 애정문제상의 분쟁도 일어난다。女子는

상속문제의 트러블, 남편이나 戀人의 여성 문제가 表面化되어 분란이 이르는데 離別까지에 이

르지는 아니한다。

子息=子息의 결혼・진학・취직 등 자식으로 인한 경사가 많이 생긴다。그러나 子星에 空

亡을 만나면 不良한 일을 범하여 말썽이 생긴다。

住居=獨身者이면 새로운 삶자리를 구상하고 사업인은 사업장을 확장한다。그러나 일반적

으로 남의 눈에 뜨일만한 이동이나 변경은 좋지 못하다。空亡이면 근무인은 직장을 옮겨야 한

다。

旅行=여행할 일이 많이 생긴다。개인적인 여행이 많으나 短期間이고、事業上의 여행이나 長期的인 여행은 별로 없다。空亡을 당하면 事業人은 여행 중에 損失을 당한다。

## 六、正財年(資産・安定・發展性)

### (1) 總論

個人=좋은 先輩나 친구의 도움이 있다。일반적으로 이 해는 人間 관계에 발전이 기대되므로 적극적으로 行動하는 것이 발전의 열쇠다。이성에게도 도움받는 기회나、자기가 나서지 않으면 소용이 없다。財星은 自己星이 克하는 상황이므로 앉아서 기다리면 모처럼의 기회는 의미가 없다。正財는 자기편의 力量을 사회에서는 기대하는 모습、사업상 금전상에도 활동하면 유리하다。

건강면에는 慢性消化不良・盲腸炎 등에 걸리기 쉽고 感氣에 십분 주의하지 않으면 모든 病이 이에서 생긴다。지나친 過勞를 주의하라。

社會=勤務人은 上司의 提携로 條件이 有利한 곳으로 보내 준다。藝術人이라면 世上에 나설 절대적인 기회、事業人은 고정 자산을 만들 기회로 土地・家屋・店舗 등의 설비 및 투자・機

械購入·在庫量確保 등의 움직임이 나오므로 자금을 투입하여 장래의 大益에 대비하는 해라

고 할 수 있다.

月에 劫財·偏財·正財가 들고 이에다 空亡月이면 사기 및 도난으로 금전·물품의 손실을

받게 된다.

가정에서는 모친의 병, 入院의 문제가 있다. 女性은 자식덕을 보고 男性은 이해에 결혼하

게 된다. 반면 여성 문제를 일으키면 모처럼의 금전 문제를 깨는 결과가 되기도 한다.

## (2) 正財空亡

個人=活躍이 너무 두드러져 남의 시기를 받고 중상 모략을 당하는 경우가 있다. 속담에 「나

오는 말뚝은 때려 밖는다」는 뜻과 같다. 이용당하는 면도 있으나 무슨 일에나 냉정한 관찰력

으로 대처하고 독단적인 결론을 내리지 말라. 근무인은 甘言에 속아서 전만 못한 곳으로 옮길

수가 있고, 사업인은 去來上의 까다로운 조건을 붙여 온다.

건강은 胃腸障害에 신경을 쓰면 큰 탈은 없다. 女性은 營養面이나 貧血에 注意하라.

社會=不動産이나 契約 문제가 內容이 틀리거나 사기·횡령을 당할 위험이 있다. 偏財를 金

錢으로, 正財를 物品으로 보아서 이러한 문제가 생긴다고 추정한다. 女性 관계의 비밀이 表面

化되어 名譽를 잃게 되는데 이 운에 사람에 따라서는 愛人이 새로 생기거나 妻 以外의 女性

과 살림을 꾸미는 수도 있다.

## (3) 正財의 運勢

職業＝榮轉・昇進이 기대되는 해로 他機關에서 拔擢되기도 한다. 正財行運에는 金錢上의 優待를 받으므로 大運에 官星이나 財星을 만나면 轉換에 플러스가 된다. 經營人은 사업의 확대, 투자상의 이득이 생긴다.

金運＝命式・大運에 따라 差異가 있으나 金運은 순조롭다. 근무인은 昇給, 經營人은 가만히 있어도 돈이 굴러 들어온다. 將來의 布石으로 不動産投資나 在庫를 殘留하는 것이 重要하다. 단 偏財처럼 女性문제에 얽히면 浪費가 심해 金運이 逃亡가는 暗示가 있다. 空亡을 만나면 外實內虛로 이름 뿐이고 실속은 없다.

戀愛＝女性은 受動的인 상태에 놓이지만 장래성 있는 사람과 우연히 만난다. 연애중이면 결혼까지 발전한다. 男性은 여성과의 인연이 많고 浮浪한 面에 흐르기 쉽다. 그다지 관심없는 여성과 관계되든지 하여 出費가 따른다. 이 正財年에 交際中인 女性과 결혼이 성립된다.

結婚＝男女 모두 조건이 맞는 사람과 婚談이 많이 생긴다. 직장인은 上司나 일자리에서 소개되고, 사업인은 거래처 등에서 소개되어 혼담이 성립되는 수가 많다. 기혼자는 직장 여성과 관계를 갖거나 三角關係가 생긴다. 일반적으로 맞선보아 이루어지는 결혼이 많다.

健康＝空亡月이 거듭되면 胃腸障害가 나오지만 일반적으로 눈에 띄일 만한 건강 장애는 안 생긴다. 과로나 수면 부족에서 오는 神經症에 留意할 정도다.

家庭＝父母의 건강 문제, 여성이면 남편의 바람기로 고민한다. 空亡이면 三角關係가 가정내

에까지 波及되고 相對女性이 임신까지 하는 등 귀찮은 일이 생긴다.

子息＝女性에게는 子星이므로 子運이 좋다. 生男의 경사가 있거나 子息의 榮達로 기쁜 일

이 생긴다.

住居＝가옥의 신축·부동산 구입 등 움직임이 있으나 준비 상태에 끝나는데 다음을 위한 투

자 가치는 훌륭하다. 劫財·正財를 만나는 달은 이러한 일을 피하라.

旅行＝個人的인 여행에는 거리의 기준이 없고, 사업면에서 海外出張이 나온다. 이 年의 特

性으로 外國에 관련되는 기회를 얻는 것도 正財年에 많이 생긴다.

# 七、偏官年(轉換期·障害·壓力)

## (1) 總論

個人＝變動·改革의 상태가 되어 있다. 지금까지의 방침에 대해서 의혹과 불안이 생겨 할

수 없이 轉換해야 될 입장이다. 이 轉換은 자기의 뜻보다는 주위의 움직임에 따라 行하는데

의미가 있다. 勤務人은 轉勤·轉職問題가 나온다. 사업가는 取扱物品이나 경영 방식을 변경

치 않을 수 없는 상황이 된다.

女性은 異性의 혜택을 받는 年이다。남성의 피임・연애・婚談・約婚・結婚의 해가 되어 더

욱 구체적으로 발전한다。

건강면에는 호흡기・기관지・폐염・喘息・結核 등의 증상이 유발하기 쉬운데 空亡이면 作用

力이 더 강하다。일반적으로 피로 정도에 불과하나 이것이 질병의 要因이 되는 수가 많다。

社會=스스로 사회 환경에 보조를 맞추어 나가지 않으면 안된다。자기의 희망이 통하지 않는

상태로 他의 압력 내지 장애로 말미암아 그렇게 된다。근무인은 總務職에서 영업직으로 바뀌

게 되든지, 責任者는 人事의 刷新이나 命理化의 命을 위에서 받는다。經營人은 工場設備의

변경, 영업 장소의 이동이 不可避하다。혹은 주의에서 자기의 능력을 시험해 보는 상태이기도

하다。

生活面에는 移徙나 家屋의 增築・改築할 일이 생기고、事業上의 움직임도 이에 관련하여

생겨난다。가족이 늘고・자식의 結婚・성장 등으로 집이 좁아진데 원인이 되기도 한다。

女性은 가정적이나 男性은 逆으로 밖의 일에만 열중해서 가정사에는 관심이 멀어진다。

作家나 畫家 등 文藝方面으로 나가는 사람이라면 지금까지의 方針을 바꾸지 않을 수 없게

된다。

### (2) 偏官空亡

個人=심정의 초조와 번민이 많아 정신적인 不安 상태가 계속됨으로써 이에서 탈피하고자

轉職 또는 生活環境의 革新을 도모한다. 주위에서 그렇게 하도록 나타나지 않는 영향력을 가하기 때문이다.

空亡일 때는 어쩔 수 없이 變革한다손 치더라도 좋은 결과가 못된다. 건강면에는 肝臟障害·發熱에서 오는 呼吸器系의 病에 걸리기 쉽다.

女性은 男性에 유혹되기 쉽다.

社會=生活이 크게 變해진다. 근무인은 전근, 자리의 이동 및 직장의 변경 등이 있고, 經營人은 경영방침의 변경·商品의 轉換·去來處變更을 단행한다. 가정 生活에는 가옥의 수리·改築·移徙를 하게 되며, 父母의 우환이 발생한다.

女性은 연애상의 트러블이나 혼담이 잘 안되어 여러 군데의 婚談을 일으킨다.

## (3) 偏官의 運勢

職業=자기의 希望과는 관계없이 部署 변경·전근·전직 문제가 나오지만 그 前만 못하다. 自營이면 영업 내용이나 거래처의 변경이 있고, 工場이면 이전 문제나 設置의 변경을 行한다.

金運=전환기의 해이므로 出費가 많은데다 금전의 융통이 원활치 못하다. 이 偏官年은 움직이는 금전이 크므로 지금까지의 利益·貯蓄을 吐해 내는 形이지만 資産으로서 남길 수는 있다.

戀愛=女性에게는 연애의 기회가 많아 애인이 생기든지, 연애중이면 결혼 생활에 들게 된다. 正官·偏官月에 이러한 일이 應한다.

空亡이면 환경의 변경기에 당하므로 교제의 중단, 상대의 사정으로 인한 이별이 있고, 약혼중이면 결혼이 연기된다.

結婚=맞선보는 형식으로 사귄 상대가 좋은 인연이 된다. 전연 혼담이 없었던 사람도 이상하게 이곳 저곳에서 혼담이 생겨난다. 특히 여성에게는 優位의 立場이 되어 선택에 고민이 생긴다. 기혼인도 애정면에 좋고 서로 협조해 나가는 상태가 계속된다.

健康=환경의 변화로 스트레스가 생기기 쉽고, 心臟病·眼病에 걸리거나 呼吸器系의 疾患이 유발된다. 환경의 변화가 없을 때는 輕微한 發病에서 그친다.

家庭=女性은 그 男便이 사업으로 인한 신경을 많이 쓰므로 인해 자신도 자연 곤고해 진다. 父母에게 病 또는 不幸이 생길 가능성이 있고, 부부간에 경우에 따라서는 離婚 문제가 대두되기도 한다.

子息=偏官年은 비록 轉變의 해라 하지만 자식에게까지 그 영향이 미치지는 않으나, 대략 다음과 같은 의미가 있다.

나이를 먹은 자식이 있으면 父母와 떨어져 살게 되고 學生이면 工夫에 한층 더 노력을 기울인다.

住居=반드시 이사하거나 증축 또는 改築한다. 근무인은 전근으로 인해 직장을 따라 住居를 옮기고 經營人은 店鋪의 이전이나 改修를 단행한다.

旅行=變轉의 意가 있는 行運인만큼 여행도 자주한다. 다만 事業에 얽혀 하는 여행이 특징인데 不吉하지는 않으나 자주 가정을 떠나므로 家族的인 팀워어크가 무너져 가족들의 不滿이 많다.

# 八、 正官年(發展·名譽·社會性)

## (1) 總論

個人＝발전성 進就向上의 해. 偏官과는 다르므로 安定을 확신하는 轉換의 意味가 있어 무슨 일에나 발전성이 강하다.

직장인은 직위의 승진·부서의 이동·榮轉 등의 要因으로 精神的인 高揚을 의식하고 自主性이 나온다. 쉽게 말해서 自己의 능력을 인정 받아 社會에 쓸모 있게 팔려 나가는 年이라 할 수 있다. 고로 選擧에도 立候補하면 當選의 榮光을 안겨 준다.

藝術人 등도 이 해에 人氣가 上昇한다. 따라서 世上에 有名해 진다.

社會＝社會的인 信望이 높다. 고로 자기의 才能을 과시하여 큰 效果를 얻을 수 있다. 事業家는 일의 完成期이고, 勤務人은 責任 있는 자리에 앉아 主導權을 잡을 때가 왔다. 空亡되지 않으면 資格試驗·就職試驗 등 사회적인 地位를 확보하는데 有利한 해다.

女性은 결혼에 가장 좋은 해다. 고로 훌륭하고 이상적인 배우자를 만난다. 생활은 친척간의 의뢰나 周旋으로 도움이 크고 상속 문제가 일어난다。

空亡이면 責任이 돌아와서 곤경을 겪는다。 이 正官年에는 自己確立에 힘쓸 때이고 기타 주위 상황에 대해서는 冷淡하게 처해야 한다。

## (2) 正官空亡

個人=방향이 정해졌으나 환경상의 변동으로 自身의 目的이 集中되지 않는다。 正官空亡의 해는 신중히 행동함이 좋고 급히 움직이거나 너무 늦으면 일에 中斷되기 쉬우니 차분히 노력하여야 年의 後半期에 目的을 달성한다。

資格이나 시험 합격 문제로 중도에서 좌절·失意에 빠지기도 한다。 住居의 움직임도 偏官年에 없었다면 이 해에 실행된다。

직장인은 評價나 期待를 능력 이상으로 해서 負擔을 느껴진다。

社會=空亡에 관계 없이 社會의 활동은 활발하나 없는 것보다 훨씬 豫定이 늦어지거나 일에 조건이 생겨 순조롭게 진행되지 않는다。 生活面에는 모친의 근심이 생기고 자식 때문에 고민한다。 특히 傷官月을 만나면 交通事故·落傷·爭鬪 등이 생긴다。

## (3) 正官의 運勢

職業=發展한다。 주위에서 추천되거나 上司의 提携로 상당한 지위를 확보한다。 正官은 自

己確立의 期間이다。고로 스스로 적극성을 띠어 行動하여야만 成果가 더욱 크다。그 가운데는 減私奉公하는 形의 猛烈한 샐러리맨이 되는 사람도 있다。事業人은 銀行이나 去來處에서 信用을 두텁게 얻는 해다。

金運=금전유통이 순조롭다。사회 발전에 따르는 增收 뿐아니라 信用的으로 資金融通에 不自由가 없다。家屋의 구입、安全한 不動産買入 등의 기쁨이 있고 약간 모험적인 出資라도 좋은 결과를 거둔다。그러나 空亡이 되면 不然하다。

戀愛=女性에게는 愛情最高의 해다。고로 空亡되지 않으면 安定된 상태가 계속된다。새로 애인이 생기는 운이오、이미 교제중인 남성과는 접촉이 깊어진다。男女를 막론하고 異性을 소개받는 기회가 많을 것이다。

結婚=未婚男女는 이 해에 결혼 생활로 들어간다。旣婚女는 正官은 남편 星이므로 만일 空亡 되어 있으면 남편의 사고、病 등으로 놀랄 일이 생긴다。

健康=과로・긴장에서 오는 發病이 있고 持病中인 사람은 재발의 우려가 있다。空亡이 든 年이면 發熱에 주의해야 하고 어린이면 위험성이 농후하다。

家庭=父母의 喪厄이 있을 운이다。가정적으로는 不幸이라 하겠으나、社會運은 大吉하여 自己希望을 達成하는 해다。女性은 남편의 건강에 신경을 써야 한다。

子息=父母에게서 獨立된다。학업문제로 따로 나가 있거나 직장 문제로 가정에서 떠난다。子息宮에 空亡을 만나면 그 자식이 反社會的 犯罪를 저질러 걱정거리가 생긴다。자식이 어리면 무해하다.

住居＝榮轉・轉職・轉業에 따라 자리를 옮기고, 貰들어 사는 사람은 自己집을 짓거나 增築・改築을 하게 된다. 經營人은 새로이 빌딩을 세우거나 營業所를 增設하는 움직임이 強하게 나온다.

旅行＝事業과 환경에 依하는데 外國에 赴任할 수도 있는 운이며 영업에 따라 轉勤 또는 장기 출장도 많이 하는 해다.

## 九、倒食年

### (1) 總論

個人＝對外的인 힘을 잃고 테두리 안에 쳐박혀서 自己의 일만 생각해 나가는 경향이 농후하다. 神經質이 되기 쉬우므로 行動力이 결하여 적극성을 잃는다. 따라서 이 해는 모든 面에 만족할만한 발전은 기대할 수 없다. 이 해는 준비 기간이고 운세상의 停滯期・休養期로 보는 게 좋다. 그러므로 銳敏해져서 슬럼프에 빠져 孤立되는 경우가 많다. 自己本意의 形便을 잘 神經系의 장해에서 頭痛이 잦고 기분이 개운치 못한 상태가 나온다. 생각하여서 行動하기 때문에 주위 사람들의 協力을 얻기가 어렵다. 사업면에는 計畫만 세우고 넘어지는 일이 許多하다。 그러나 研究方面에는 좋은 年運이다。

社會=倒食의 周期는 社會와 동떨어지는 때이므로 사회성이 없는 分野、宗教・藝術活動・著作・學問上의 思索에는 좋으나、勤務人이나 自學者에게는 발전은 고사하고 現狀維持에도 힘겹다。 계획적인 일도 신중히 생각해서 착수해야 좋고、轉職이나 새로운 企畫은 그만두는 게 상책이다。

## (2) 倒食空亡

生活面에는 子息에 대한 주의가 필요한데 특히 五、六세 미만의 子女가 있는 가정에는 자녀의 질병과 사고 등에 신경을 많이 써야 한다。

女性은 이 周期에 들면 妊娠되기 어렵고、혹 受胎되더라도 胎兒의 건강이 문제된다。

이 倒食行運에는 休養하면서 힘을 蓄積해 두는게 最善이라 하겠다。

個人=친구나 육친 관계에 복잡한 영향을 받고 정신적으로는 주위에 대하여 소극적이다。 自己疑惑・自己不滿・劣等感・反省心・장래에 대한 不安感 등으로 宗教에 投身하거나 現實逃避를 渴求한다。 심한 경우는 이 行運에 自殺까지 企圖한다。 事業은 縮小의 상태이고、직장인은 싫증이 나서 缺勤하는 등 일이 손에 잡히지 않는다。 不眠症・頭痛・노이로제에 걸리기 쉽다。

社會=사업상의 방침、生活의 경비 등 부득이 축소시켜야할 상황이다。 이 運에는 다음 있을 活動期에 대비하는 의미로 마치 겨울을 만난 草木이 新春을 기다려 多眠에 들어가는 것같다. 고로 사업가나 장사꾼은 확장같은 것은 생각지도 말아야 하고, 직장인은 있는 자리를 固守하는데 신경을 집중해야 한다.

가정내로는 모친의 우환이 있고, 女性은 자식의 근심, 자식의 厄이 이른다.

## (3) 倒食의 運勢

職業=한 직장에 오래도록 사고 없이 근무하던 사람도 이 行運이 돌아오면 웬지 싫증이 나고, 능력도 저하되어 도저히 더 지탱할 수도 없게 된다. 그래서 자연 미스가 많아지고, 피병이나 적당한 구실로 직장을 비우면서 은근히 轉職을 피하지만 그것도 마음대로 아니된다.

經營人은 事業의 부진에 직면한데도 신통한 방침이 생겨나지 않아서 막연히 불안감에 초조하고 있는 상태다. 마음의 안정을 찾아 침착하게 현상유지에 힘쓰는 것만이 상책이다.

金運=일에 대한 熱意가 식어져서 아무 것에도 意慾이 없는 상태이니 돈벌이할 수 있는 行運이 아니다. 차라리 浪費를 하는 것이 厄땜인지도 모른다. 이 周期는 前年이 財星年이 되어 지난 해의 蓄積이 있어서 돈에 대한 궁핍은 그다지 느끼지 않는다.

戀愛=인간 상대가 싫어지는 때이므로 새로 시작하는 연애는 고사하고 현재까지 교제해 오던 관계도 귀찮은 생각이 든다. 즉 정렬적인 기분을 잃었으므로 애정 관계의 終止符를 찍는 例가 많다. 플라토닉 러브(精神的戀愛)인 경우는 지속되나 깊은 관계까지 맺은 경우는 도리어 상대방에 대한 의혹·불만·煩悶 등의 감정이 反作用되어 차라리 홀로 있고 싶은 생각이 들어 애정이 엷어진다.

結婚＝약혼 중이면 파약되거나 트러블이 일어난다. 結婚할 해가 아니어서 약혼이나 혼담은 거의 保留된다. 기혼자인 경우 상대방이 귀찮고 싫은 생각이 나서 무관심이 되어 離婚문제가 오고간다.

健康＝神經系에서 오는 것이 많고, 초조감에서 히스테리·神經衰弱에 걸리거나 神經痛·關節炎·류마치스·頭痛 등의 疾患이 나온다. 일반적으로 이 倒食年은 神經過敏으로 思考力이 非正常的인 狀態로 들어가기가 일쑤이다. 空亡이면 이러한 運이 더 강하게 作用되므로 주의를 要한다.

家庭＝모친의 우환이 있다. 가족들의 건강이 나쁘고, 姑婦間의 不和로 속상하는 때도 많다. 또는 子女로 인하여 걱정될 일이 발생하고 부부 관계도 나빠 심한 경우 別居하기에 이른다.

子息＝倒食은 子星인 食神과 七殺關係가 되므로 특히 女性은 子女에게 厄年이라 하겠다. 고로 특별한 주의가 필요하다. 大運이 나쁜 중에 空亡까지 만나면 어린 子息을 잃는 災殃이 있다(子女가 成長한 경우는 無害하다).

住居＝이 運은 準備期라는 점에서 대개 이 운에서는 移居·移動의 징조가 아니다. 가령 居住上의 어떤 일이 생겨 부득이 옮길 일이 있어도 可及的 참고 기다리는게 좋다. 억지로 실행하면 옮긴 뒤 持續性이 없고 자주 轉轉한다.

旅行＝기분 전환의 目的으로 하는 여행은 무방하다。여행중 좋은 아이디어가 생길 수도 있고 將來의 일에 대한 洞察을 冷靜하고도 明白히 할 수 있어 더욱 좋다。장소는 故鄕을 간다든지 아니면 牧歌的인 장소를 택하여 무언가 생각해 볼 수 있는 곳이 좋다。

## 十、印綬年(硏究・反省・發展)

### （1） 總論

個人＝精神的인 面이 강하게 나타나 自覺心이 뚜렷해서 장래의 방침도 明確하게 세우는 해다。

印綬는 自己의 日干을 生해 주는 星이므로 운세상은 나쁘지 않다。대개 이 周期에 들면 自己의 행동이나 삶에 대해서 自信感을 잃을 때가 많고、哲學的인 경지까지는 들어가지 않더라도 自己自身에 대해 他的見地에서 냉철히 살피고 反省하게 된다。즉 自己完成을 기하고자 노력하는 상태라 할 수 있다。그러다가 잘못 깨달으면 自己不滿으로 諦念 내지 비관을 살 우려도 없지 않다。

여하튼 이 해는 自己反省의 뜻을 강조하므로 지금까지의 미스를 정리 보충하여 再出發하는 상태여서 무슨 일에나 깊이 計畫하고 準備에 萬全을 기해야지 적극적으로 行動에 옮길 때는 아니다.

學生으로 말하면 工夫 기간에 비유되어 직장인은 事業에 관계되는 모든 常識을 철저히 알아둘 때다. 命式과 大運에 따라 決定될 일이지만 年月日에 모두 印綬의 墓絕이 있으면 自身이 死亡할 우려가 있다.

社會＝이 星은 社會的인 星이 아니다. 고로 움직임이 미약하다. 事業上에는 停滯期에 해당하여 方針을 세우거나 整備는 할지언정 資金面이나 時期性에 아직 미숙하여 實行 不可能의 상태라 하겠다. 이 周期는 企畫을 세우는 일 뿐으로 그쳐두고 다음 돌아오는 比肩年에 實行하도록 해야 한다.

## （2） 印綬空亡

個人＝對人 관계에 있어 孤立된다. 무슨 일에나 理想에만 치우치고 行動面에는 주저하고 또 능력이 부족하여 어디까지나 계획에 그치고 만다. 혹은 反社會的（犯法）행동을 하다가 刑事立件될 경향도 있다. 건강면에는 狂症이 생길 우려가 있다.

社會＝아무 일도 실현될 가능성이 없어 時機를 기다리는 상태, 근무인은 轉職을 生覺하는데 모두 比肩年에 실천으로 옮겨진다. 技術・學問・藝術分野에는 연구 기간이라는 의미가 타당할 것이다. 생활면에는 가정에 불상사가 발생하거나 父母와의 別居生活에 들어갈 수가 있다.

## (3) 印綬의 運勢

職業＝준비기에 해당하므로 취직을 要하는 사람은 아직 보류중이며, 자기가 생각하는 條件은 滿足을 못 얻는다. 고로 轉職을 꾀하는 사람도 희망대로 안된다. 일반적으로 대인 관계에 信用을 잃거나 미움을 받지 않도록 주의해야 한다.

팀 워어크(Team work)가 잡히지 않고 部署 바꿈이나 格下가 되는 수도 있다.

金運＝事業이 크고 작음을 막론하고 經營面에서 資本의 凍結로 사업 伸張이 잘 안된다. 개인적인 私私로운 일에도 이것 저것 支出處만 생겨 본래 꼼꼼히 생각해 두었던 일에는 손도 못 댄다.

戀愛＝사람이 그리워지는 고독한 心理狀態이므로 곧잘 유혹에 넘어가기 쉽다. 연애는 三角關係가 생기는데 남녀를 막론하고 年上人과의 교제가 바람직하다. 연애중인 경우 상대방의 마음을 종잡을 수 없어 고민한다. 空亡年이면 애정 문제로 칼부림 따위의 不祥事가 발생한다.

結婚＝결혼이 연기되거나 아예 약혼이 파해지는 경우가 많다. 婚談이 나와도 이런 저런 핑계로 맺어지지 아니한다.

既婚男女는 相對의 건강 문제나 사업상의 난관으로 고민한다.

印綬年은 대개 감정상의 불안정이 되기 쉬우므로 가능하면 참고 견디다가 다음 해를 기다려야 한다.

健康‖이 해에 疾病을 얻으면 증세가 여하튼 오래 끈다. 심한 증상에는 長期間의 入院도 하게 된다.

家庭‖帝旺·建祿·冠帶月中에 모친과 生離死別하기 쉽다. 大運에 比肩·刧財를 만나면 모친상을 피하기 어렵다. 空亡年이면 자식에 대한 不幸과 근심이 있다.

子息‖空亡이면 子女에게 憂患 및 기타의 厄이 있다. 그러나 空亡이 아니들면 子息運은 安泰하다. 子息宮에 倒食을 같이 만나면 低能兒를 두는 경우가 있다.

住居‖옮기지도 못하고 增築·改修도 마땅치 않다. 大運에도 印綬를 만나면 住居가 不安하다.

旅行‖금전적인 여유가 없는 行運에 당하여 마음대로 여행도 못한다. 할 수 있다면 害는 없다.

# 易理原論

序　言

　《周易》은 中國古典 가운데 가장 神秘하고 廣大深遠한 眞理를 파헤치고 宇宙·人生의 모든

秘密을 남김없이 밝혀놓은 文獻으로서 예로부터 하나의 圖讖·秘訣과 같이 취급되어왔다.

　易은 宇宙萬有의 生成變化의 原理를 陰陽으로보고 그 陰陽 --二爻로 表示하고 그것을 三

畫卦로 구성하여 八卦가 組織되고 八卦를 相乘하여 六十四卦가 되니 具體的으로 三百八十四

爻이다.

　이 六十四卦·三百八十四爻로써 自然界의 千態萬象과 人間界의 千變萬化에 事物을 總網羅

하여 그 原理·原則을 찾고 그로 인하여 일어나는 無盡한 事件을 다 因果必然의 法則으로 規

定하고 그것으로 다시 人事의 吉·凶·悔·吝으로 判斷하였으므로 마침내 占書로 應用되었

다.

　易의 原理는 現代 西哲이 아직 想及치 못한 哲學의 哲學이오, 自然科學이 아직 發揮하지 못

한 科學의 科學으로서, 이 뒤로 根本的으로 闡明되어야할 重大한 課題가 있다.

　本人은 이에대한 特別한 硏究가 없으나 다행히 先輩님 李鍾益博士의 東洋哲學講義本과 또

는「唯象哲學易學槪觀」등을 耽讀하고 스스로 깨달은 바가 있어서 이에 于先이 易學案內書格으로 이글을 編著하는 바이다。하나의 備忘記라고 볼 것이다。

一九八四年 五月 日

三 空 居 士 識

目　次

易理原論

## 一、 周易은 어떤 文獻인가?

支那는 東洋古代文明國으로서 그 가장 오랜 古典으로 五經, 곧《書經》·《周易》·《詩經》·
《禮記》·《春秋》의 五書를 들고 있다. 이 五經 가운데《書經》은 政治史的 敎訓書이고《詩經》
은 文學書이고《禮記》는 倫理的 規範이고《春秋》는 史書이다.

그런데《周易》은 政治를 論한 것도 아니고 文學도 아니며 倫理·歷史도 아닌 文獻으로서 그
것을 한마디로 規定하기는 어렵다.

옛적부터《周易》은 하나의 占書라고 취급해 왔다. 그 結果的으로 보면 一種의 占術書라고
하는 것이 사실이다. 그러나 그렇게 간단히 하나의 占書라고 斷定하기도 어려운 점이 있다.
왜냐하면 이 易書는 실로 宇宙·人生·社會 全般에 걸친 原理와 그 變化·功用을 광범하게
糾明하고 論斷하였기 때문이다.

실지로 이 易書의 內容을 탐구하여 보면 科學이 있고 哲學이 있으며, 또는 倫理의 原則이
있고 宗敎의 世界가 있다.

뿐만 아니라《周易》은 一種의 現象學이라고 본다. 自然現象에 있어서 天·地·日·月·水·

火・風・雷・山・澤과 鳥・獸・草・木의 모든 現象을 남김없이 網羅하였고、人間現象에 있어

서 政治・經濟・倫理・敎育・法律・軍事・交際・婚姻・日常生活을 비롯하여 그 現象 속에서

하나의 結果로 나타나는 吉・凶・禍・福・興・亡・盛・衰 등 모든 事實을 總網羅하였다。

그러한 現象속에서 宇宙・人生의 秘密을 파헤친 것이 곧 科學이오 哲學이다。그 科學・哲

學이 理論에 그치지 않고 하나의 實證論・實驗論的으로 具體化한 것이 吉・凶・禍・福과 같은

占辭的 判斷이다。

그런 뜻에서 易은 宇宙・人生・社會의 모든 現象을 바로 관찰하고、그 現象 속에 숨어있는

秘密을 탐구하여 그것이 어떤 과정으로 그런 現象이 成立되었고 어떻게 변화하고 進行되느냐

하는 原理・原則을 정확히 파악함으로써 드디어 人事의 現實에 있어서 吉・凶・禍・福까지를

判定하게 되었다는 것은、참으로 現代科學이 아직 追從하지 못할 科學의 科學이며、歐・美哲

學이 아직 想及치 못한 哲學의 哲學이다。

그러므로 이 文獻은 支那의 古典가운데 《書經》・《詩經》・《禮記》・《春秋》가 각기 하나의 事

象을 취급한데 비하여 自然界의 千態萬象과 人間界의 千變・萬化를 다 網羅했다는 점에 있어

서 支那 뿐아니라 東・西 어떤 나라의 어떤 古典과도 비교가 되지 않는 특수한 文獻이라는 것

을 먼저 알아두는 것이 重要하다。

## 二、周易의 名義

「周易」이란 題號는 周代에 이룩된 易書라는 뜻이다. 또는 두루 變易하는 理法을 밝힌 文獻

이므로 「周易」이라 했다고도 한다. 易字에 대하여 簡易(간이)의 뜻으로 해석하기도 하니 繫

辭下篇에

「대저 乾은 確然하니 사람에 보이는 것이 易(쉬울이 字로)하고 坤은 隤然하니 사람에 보이

는 것이 簡하다, 易하고 簡하므로 天下의 理를 얻을 것이니 天下의 理를 얻으므로 그 가운

데 位를 이른다.」

라고 한것은 易字를 「簡易」의 易(이)로 해석한 것이다.

그러나 「易」은 變易・交易의 뜻으로 보는 것이 原則이다. 易字는 古字를 보면 易 곧 日字와

月字를 합친 會意文字이니 날이 가고 달이 오며 달이 가고 해가 오면서 밤과 낮이 되고 밤과

낮이 바뀌어서 한 달이 되고 달이 바뀌어서 봄・여름이 바뀌이고 또 一年, 二年이 交替된다.

宇宙・萬有는 이렇게 變易・交易하는 現象으로서 관찰하고 그 變易・交易하는 理法을 풀이한

것이 곧 易이기 때문이다.

## 三、易書의 三種

이 易書는 周代에 된 것이고 周以前 夏・殷時代에도 그런 種類의 글이 있었다. 夏代에는

「連山」、殷代에는 「歸藏」、周代에는 《周易》이 있다고 한 것은 《周禮》에 보이고 易傳을 쓴 漢

鄭玄・唐 孔穎達도 다 그것을 引證했다。그러나 그 夏・殷 二書는 亡失되고 《周易》 一書만 現

存한다。

「連山」은 곧 重艮卦니 艮의 大象은 山이니、곧 山을 連함이다。☶ 이 그것이다。連山易

은 艮卦를 首로 한 것이다。

그리고 「歸藏」은 重坤卦니、곧 ☷을 首卦로 한 것인데 坤의 大象은 地니 地는 萬物이 歸

藏되는 곳이라 하여 이름지은 것이다。

그런데 《周易》은 乾 ☰ 坤 坤 ☷ 卦를 首로 하였으니、곧 陰・陽을 總代表함이다。

## 四、 易書의 要旨

이 易書는 西洋哲學과 같이 宇宙의 本體와 現象을 어떤 抽象的 觀念이나 概念을 認定하고

예컨대、唯心論이니 唯物論이니 一元論이니 二元・多元論이라는 概念을 認定하고、그 概念에

맞추어 理論을 合理的으로 전개시키려는 것이 아니라、易은 어떤 決定的인 法則을 定立하고、

그 法則 위에서 宇宙・人生의 모든 비밀을 측정하고 그 法則으로써 人事의 連行과 因果法則을

풀이한 文典이다。

다시 말하면 千變・萬化의 宇宙・人生의 現象에서 變化・交易의 原理・原則을 찾아내고 그

法則을 學理的으로 組織化하여 人事運行에 適用시키어 吉・凶・禍・福의 因果應報의 理法을

밝혀 낸 것이다。

## 五、 易의 組織

易은 다른 어떤 書籍과 같이 단순한 理論이나 어떤 事件의 記述도 아니며 또는 文學的 敍述도 아니다。六十四卦・三百八十四爻라는 이미 確定된 카테고리 안에서 가장 엄밀한 規則的으로 한 글귀 한마디가 演繹된 것이다。

六十四卦의 大義를 말한 것은 彖辭라고 하는데 그것은 周의 文王의 撰述이라 하고 六十四卦에 各其・六爻가 있는데 그 六爻의 爻辭는 文王의 아들 周公의 撰이라고 한다。

그 彖辭・爻辭로된 原典은 上・下로 나누고 그 彖辭에 대한 간단한 解說이 있는데 그것은 「象傳」이라하고 爻辭에 대한 해석(극히 간단한 것)은 「象傳」이라 한다。그것은 孔子의 述이라고 한다。

그리고 또 《易經》의 總說格으로 繫辭 上・下篇과 文言(乾・坤卦에 한한 것)。序卦・說卦・雜卦를 合하여 易의 「十翼」이라고 한다(周易의 原經上・下篇을 補翼하는 글로서 象傳上・下・象傳上・下・繫辭 上・下・文言、序卦・說卦・雜卦를 함하여 十翼이라고 한다。이 十翼은 孔子의 作이라고 하나 十翼 전부가 孔子의 親作이 아니라 象傳・象傳・繫辭는 親筆이라고 믿을 수도 있으나 文言과 序卦・說卦・雜卦 등은 古來로 전해온 것을 弟子나 또는 다른 이가 모아 筆錄하였을 것이며 繫辭에도 古傳 口訣을 모아 정리한 것이 많다고 보겠다)。

現存한 《周易》을 대체로 위와 같이 本經上·下篇에 十翼을 合한 것이다.

## 六、 易書의 目的

易은 본디 理論的으로 宇宙·人生의 原理와 自然界의 現象을 推窮하여 理論的으로 그 原理와 事實을 究明하려는 學問의 領域을 뛰어나서 그러한 變化·變遷의 因果的法則을 卦·爻辭로 證言하고 그 卦爻辭에서 人事의 吉·凶·禍·福을 判定하였다.

그러한 卦·爻辭를 卜筮로 應用하게 되었다. 그것을 卜筮로 應用할 적에는 「探蓍」 곧 卜術에 응용하는 蓍草(占하는데 사용하는 점대)를 뽑아서 六爻를 定하고 그 六爻로써 乾·坤·屯·蒙·需·訟 등의 卦가 나타나면 그 卦의 動爻에 따라서 象辭·爻辭를 보아서 吉·凶을 判定하는 것이다.

그런데 使用하는 편으로 보면 易은 하나의 卜書라고 할 것이다.

그러므로 繫辭上二章에 「聖人이 卦를 베풀어 觀象·繫辭하여 吉凶을 밝혔다」고 하였으며 또 이르기를 「易에 聖人의 道가 四가 있으니 言辯을 숭상하는 이는 그 辭(彖辭·爻辭)를 모방하고 動하려함에는 그 變을 숭상하고 器機를 만드려면 그 象(卦象)을 숭상하며 卜筮를 하려는 이는 그 占을 숭상한다」라고 하였다(繫辭上十章).

그 네가지 가운데 실은 卜筮로써 天下의 大事에 대한 疑惑을 끊으려 한 것이 가장 核心이 되는 것이다. 繫辭에、

「孔子가 말씀하기를, 易은 왜 지었는가? 易은 事物을 열어주고 事業을 성취케 하여 天下의 道를 다 포섭하는 것이다。그러므로 聖人이 天下의 뜻(志=目的하는 일)을 통하고 天下의 業을 定하고 天下의 疑心을 끊는데 있다」(上十一章)

라고 한 바、天下의 모든 일을 성취하려 함에 먼저 天下의 의심을 끊도록 하는 것이 가장 긴급하다。그것이 곧 神明에게 물어 決定하는데 있다。繫辭에 이어서

「그러므로 蓍(卦를 뽑는데 쓰는 占대)의 德은 둥글어서 神그럽고 卦의 德은 一定한 方所에서 告知(豫告하는 卦爻辭)하며 六爻의 義는 바꾸어가며 이바지한다(占辭에 이바지함)。聖人이 이것으로 마음을 씻고 조용한 곳에 居하면서 吉凶에 백성으로 더불어 걱정을 같이 한다。神으로 오는 일을 알고 슬기로는 지난 일을 저술하나니 이것이 聖者의 일이니라、그러므로 天道에 밝고 백성의 하는 일을 살펴서 神物(蓍草와 같은 것)을 일으키어 백성의 앞일을 밝히려고 聖이 재계(齋戒=身心을 깨끗이 하는 것)하여 그 德을 神明에 통하게 하느니라」

이것은 易은 聖人이 天下의 大事에 대한 의심이 있을때에 백성의 뜻을 통일시키고 그 일을 성취시키기 위하여 身心을 재계하고 神明과 서로 통하여 卜筮로써 그것을 결정하게 한다는 것이다。卜筮는 옛적에 하나의 宗敎的 神聖한 行事로서 이 易의 目的을 證言함이다.

그리고 그 卜筮法에 있어서、

「易에 太極이 있으니 이것이 兩儀를 生하고 兩儀는 四象을 生하고 四象은 八卦를 生하고

八卦는 吉凶을 定하고 吉凶은 大業을 낸다」(同上十一章)

라 한 바 여기에서 太極·兩儀·四象·八卦를 宇宙生成論的으로 해석해 왔는데 우리나라 李石

谷(名 滕)은 그것이 生成論이 아니라 探蓍作卦의 順을 말함이라고 본 것은 卓見이다。探蓍할

적에 蓍草(쑥대 혹은 竹籤으로 代用) 五十個의 大衍數에서 一數는 太極數로 卓上에 따로 두고

四十九個를 兩手로 나누는 것이 곧 兩儀이며 四數로 뽑는 것은 四象을 표시함이고 그렇게하여

八卦를 定하고 八卦로써 吉凶은 定한다는 것은 分明히 占法을 말한 것이고 宇宙生成論이 아

니다。만일 生成論이라면 八卦가 萬物을 낸다고 해야할 것이다。

繫辭에서도 卜筮의 功用을 밝히는 가운데 「이러므로 易에 太極이 있으니」하였고 結論으로

「吉凶이 大業을 낸다」고 함이 그것이다。

易의 目的은 卜筮에 있다는 것은 틀림없는 것이다。

「이러므로 君子가 장차 무슨 일을 하려거나 行하려할 적에 묻게되면 그 命을 받는 것이 메

아리와 같아서 遠近과 그윽하고 깊음이 없어 오는 事物을 알게 되나니 天下의 지극히 精密

함이 아니면 어찌 이에 참여하겠느냐。」

이것은 무슨 큰 일을 경영하여 실행하려할 적에 問卜하면 그에 感應(受命은 곧 神明의 感應

을 말함)함이 메아리와 같이 곧 울린다고 함이다。

易은 聖人이 宇宙의 變化의 現象을 觀察하고 그 原則을 찾아서 그 法則에 依하여 人事의

運行法則을 測定하게 되었다。그것이 곧 六十四卦、三百八十四爻에 彖辭、爻辭를 斷하여 吉

凶을 밝힌 것이다。

그러나 凡夫는 易의 象辭・爻辭를 읽고 외운다 해도 自己가 현재 六十四卦의 어느 卦, 어느

爻의 位置에 해당되는지 알지 못하므로 당장 찾아올 吉・凶・禍・福을 알 수가 없다。

그러므로 그 吉凶을 미리 판단해 알기 위하여 蓍草(占대)를 뽑아 六爻를 만들어서 그 動爻

를 보아서 吉・凶・禍・福을 판단하게 된다。

그러한 占을 치는데 먼저 明神 앞에 정성을 다하여 告한 뒤에 探蓍하는 것이다。

上古에는 卜筮라는 것이 매우 重要한 일이다。한 國王으로서 그 나라의 一年數에 대하여 豐

・凶이나 또는 軍事를 動員할 적에 먼저 太卜官에게 問卜하여 그 일을 결정하였다。個人의 吉

・凶을 점치는 것도 그러하다。

## 七、卦・爻의 原理

《周易》은 그냥 言語・文字로만 엮은 것이 아니라 글보다 앞서 있고 또 가장 基本이 되어 있

는 것이 이른 바 「卦・爻」이다。卦는 六十四卦가 그것이고 六十四卦의 基本은 八卦이다。

八卦란 곧 「乾・坤・震・巽・坎・离・艮・兌」인데 그것은 卦名이오 그 卦의 實體는 「☰
☷

☰☷☳☶☵☴☲☱」가 그것이다。이 八卦를 相乘한 것이 곧 六十四卦이다。

그리고 이 八卦를 구성한 基本的인 要素는 ☷의 二爻이다。一은 陽을 象徵함이고 ☷은 陰

을 象徵함이다。이 ☲☴爻가 三次交合한 것이 곧 八卦이다。

그리하여 三陽이 乾☰卦요 三陰이 坤☷卦요 二陰下에 一陽이 巽☴卦

요 二陰中 一陽이 坎☵卦요 二陽中 一陰이 离☲卦요 一陽下 二陰이 艮☶卦요 一陰下의 二陽이

兌☱卦다.

이러한 八卦를 基本으로하여 그 八卦가 서로 交際하여 相乘하면 六畫卦가 되는데 그 六畫

卦는 必然的으로 六十四卦가 된다. 例컨대 ☰乾·☷坤·☳震·☴巽 등은 相乘해도 본

디의 卦名대로 乾·坤·震·巽·坎·离·艮·兌이다. 그리고 否·無妄·姤·

訟·同人·遯·履의 七卦가 形成된다. 乾卦를 합하면 乾卦가 다시 八卦와

相乘하여 八卦가 된다. 그리고 七卦도 그러하므로 八卦가 六十四卦가 되는 것은 必然의 勢力

이다.

《周易》은 이와 같이 八卦를 基本으로 하고 그것이 相乘하여 六十四卦가 되었고 六十四卦가

각기 六爻씩 있으므로 三百八十四爻가 있다.

三百八十四爻는 곧 六十四卦의 分爻요 六十四爻는 곧 八卦의 相乘이오 八卦는 곧 陽陰二爻

의 三命體이다.

易은 이와 같이 卦를 떼어놓으면 成立될 수 없고 卦는 爻를 떠나서 이룩될 수 없으며 爻는

陰陽을 떠나서 있을 수 없다. 그러므로 易經說卦傳에

「變化하는 法을 陰陽에서 보고 卦를 세우고 剛柔를 發揮하여 爻를 냈다」

하였다. 剛柔는 곧 陰陽二性을 말함이다.

## 八、 卦名과 卦象

卦는 一二三爻로 구성된 것이어니와 爻를 一─으로 표시한 것은 곧 陰陽을 象徵한 것인데 그 爻가 三合되었을 때에 하나의 卦로서 別個의 各號를 부치게 되었으니 ☰을 坤·☳을 震·☴을 巽이라한 것이 그것이다. 그러므로 ☰·☷·☳ 등은 卦象이요 乾·坤·震·巽 등은 卦名이다. 卦象과 卦名은 실로 둘이 아니다. 卦名은 그 卦象이 지니고 있는 內容의 實德에 依하여 이름 지은 것이니 八卦를 이 天地大自然界에서 그와 같은 現象을 찾아 보면 ☰은 天의 象이 있으므로 乾이라 하고 ☷은 地를 그 代表的으로 들기 때문에 坤이라하고 震은 ☳ 곧 重陰下에 一陽인데 무거운 陰蒸氣가 위에서 내려누르는데 陽蒸氣가 밑에서 위로 上衝하므로 우뢰, 또는 번개가 일어난다. 그러므로 ☳을 震이라 하였으니 雷震의 象이다. ☴은 二陽下一陰으로서 二陽下一陰은 高氣壓의 現象이다. 高氣壓은 반드시 氣가 發散하게 되므로 風을 그 大象으로 한다. ☵은 坎 곧 水라고 한다. 水는 外虛內實하며 外陰內陽인데 現代科學上 H$_2$O로서 外의 二陰은 곧 水素를 의미하고 안의 一陽은 곧 O酸素를 의미한다. ☵은 그대로 水의 構成要素를 뜻한 것으로 보게된다.

☲离는 火를 大象으로 하는데 불(Fire)은 物質이 化學的 변화를 行할 적에 熱을 發生하며 燃燒作用과 아울러 빛을 내는 現象이다. ☲은 二陽中의 一陰은 어떤 發熱·燃燒의 可能性을 가진 草木·石油·가스 등의 物體를 뜻함이고 밖의 二陽은 그로부터 發作하는 熱·火·光 등을

뜻한다。 그러므로 ☲를 火로 보는 것이다。

艮☶을 山으로 取象함은 이 地上의 自然現象가운데 아래는 重陰 위에는 一陽이니 마치 土

石의 陰重한 物體로 된 山이 위는 陽明하여 太陽光線을 잘 받으므로 草木이 生長되는 것과

같다。

兌☱를 澤으로 取象함은 그 現象으로 보아 表面은 陰暗하고 險하지만 큰 물속은 透明하고

또한 陽氣를 받아 蓄積한다。 큰 池沼나 大海는 內陽外陰이며 內明外暗이면서 萬物을 生成하

는 無限한 原動力이 되어 있다。 그러므로 兌는 大澤・湖・海의 象으로 본 것이다。

「乾・坤・震・巽・坎・离・艮・兌」는 八卦의 名인데 그 卦의 實德을 天地自然界의 現象으

로 볼적에는 天・地・雷・風・水・火・山・澤이다。

이 天・地・雷・風・水・火・山・澤의 八物로써 八卦의 德과 材를 象徵해 보면、 八卦의 內

容을 대략 파악하게 될 것이다。 그러므로 六十四卦의 各號를 呼稱할적에 ䷀重天乾・天

雷無妄・天風姤・天水訟과 같이 天・地・雷・風・水・火・山・澤을 八卦의 代名詞로

使用하게 된다。

위의 것은 自然現象에 있어서 代表的인 것이고 그것을 좀더 자세히 推類하면 우선 다음과

같은 類型으로 配屬된다。

〔八卦〕〔大象〕〔肉親〕〔身體〕〔動物〕〔德性〕〔其他〕

乾──天──父──頭──龍・馬─健　○○

이러한 屬性을 말하게 된다.

이것도 가장 간단한 取象이다. 실지로는 宇宙·人生의 모든 現象·모든 事物을 다 이 八卦로써 包攝하게 된다. 왜냐? 易에서는 萬有界가 다 이 八卦의 造化로써 變化·生成된 現象 또는 性質의 것으로 보기 때문에 어떤 事物이 이 八卦의 象 밖의 것이 없다고 보는 것이다. 說卦傳에 그것을 대강 表했다.

「乾은 天이 되고 君이 되고 父가 되고 玉·金·寒·氷·大赤·良馬·老馬·瘠馬·駁馬·木果가 된다」

하였고 다시 乾卦에서 쓰여진 取象을 캐어 增補하면

「乾은 剛·實·始·行·大人·夫·老夫·武人·戰·攻·戎首·龍·馬·虎·童牛·角·輿·大輿·大車·金柅·淵·大川·郊·日·野·高陵·夕·暮夜·玄·大師·疆不食·亢·飛·

坤——地——母——牛——順

震——雷——長男——足——龍——動

巽——風——長女——股——雞——入

坎——水——中男——耳——豕——陷

离——火——中女——目——雉——麗

艮——山——少男——手——狗·虎——止

兌——澤——少女——口——羊·虎——悅

○○　○○　○○　○○　○○　○○

威·惕·屬·衣·統·施·美利·祥·福·富·喜·得·孚·允·包·光·敬·元·亨·通·大

·大和·性·命·情·神·鬼·聖·男·賢·上帝·道·德·仁·禮·知·義·善·美·上·長

·高·尚·尊·貴·樂 등 數百種이 있다。그 가운데 天·君·父·尊·貴·剛·健 등이 더

욱 드러난 表象이다。

說卦傳에

「坤은 地가 되고 母가 되며 布·釜·吝嗇·均·子母牛·大輿·文·衆·柄。」

震은 雷가 되고 龍·玄黃·車·大塗·長子·夫躁·蒼筤竹·的顙……。」

巽은 木이 되고 風이 되고 長女·繩直·工·長·高·進退·不果……。」

이와 같이 八卦에 각각 數百種의 大·小象이 있다。이에 생략한다。

## 九, 法象의 原理

易은 卦爻를 떠나서 成立될 수 없고 卦爻는 陰陽을 떠나서 成立될 수 없듯이 卦辭 곧 어떤 一卦의 要義를 판단하는 象辭와 六爻의 要義를 판단한 爻辭는 그 卦와 爻가 지니고 있는 象을 떠나서 成立될 수 없다。그러므로 易에 있어서 象의 구실이 매우 重大하다。

象이란 보이지 않는 理法과 徵兆를 어떤 들어난 現象으로써 象徵하는 것이니 繫辭에 「法象

이 天地보다 큰 것이 없고 懸象著明한것이 日·月보다 큰 것이 없다」(上十一章)한 것은 天·

地·日·月과 같이 뚜렷이 드러난 現象에서 그 드러나지 않은 理法의 實相을 관찰하나니 三

☰☰은 곧 老陽・老陰・太陽・太陰을 象徵한 것인데 自然現象으로는 그것이 天・地・日・月의 드러난 모습이다. 八卦・六十四卦・三百八十四爻로써 宇宙萬有의 變化法則과 人生萬事의 吉・凶・禍・福을 관찰하고 판정하는 것이 다 象의 妙用이다. 그러므로 繫辭에,

「天生神物이어늘 聖人이 則之(법받고)하고 天地變化어늘 聖人이 效之하고 天垂象하여 見吉凶이어늘 聖人이 象之하고 河出圖하고 洛出書어늘 聖人이 則之하시다. 易有四象은 所以示也오 繫辭焉은 所以告也오 定之以吉凶은 所以斷也라」(同上十一章)

라고 하였다. 理法의 象이 天地보다 큰 것이 없고 日・月보다 드러난 것이 없다 하였고 天이 象을 드리워 吉凶을 보인 것은 聖人이 본받은 거나 河에서 圖가 나오고 洛에서 書가 나온 것을 聖人이 법받는다거나 易에 四象 곧 老陰・老陽・少陰・少陽의 四象을 보이는데 聖人이 그것을 보고 象辭・爻辭를 매어서 吉凶을 定한다는 것은 다 象의 큰 德用을 밝힘이다.

그러므로 다시 밝히기를,

「글로 말을 다하지 못하고 말을 한다 해도 뜻을 다하지 못한다. 그러면 聖人의 뜻을 어떻게 보겠는가? 聖人이 象을 세워서 그 뜻을 다하고 卦를 베풀어서 情僞를 다하여 繫辭하여 말을 다하며 通變하여 利益을 다하였다.」

라고 하였다. 이 글에서 글로써 말을 다하지 못하고 말을 한다 해도 그 뜻을 다할 수 없다. 그러면 어떻게 해야 聖人의 뜻을 보겠는가? 聖人이 象을 세워서 그 뜻을 다한다고 한 「象」은 그 易에 있어서 매우 重要한 役割을 하는 것이다.

그러므로 易은 곧 卦象으로써 千變萬化의 理法을 說明하고 人間의 吉·凶·悔·吝을 判斷한다. 繫辭上三章에,

「象은 象을 말함이오 爻는 變을 말함이다.」

하였고 또 이르기를,

「聖人이 設卦하여 象을 觀하고 繫辭하여 吉凶을 밝히며 剛柔가 서로 미루어서 變化를 낸다. 그러므로 吉凶이란 得失의 象이오 悔吝이란 근심하고 격정하는 象(憂虞之象=미리 경계하고 격정하는 것)이오 變化라는 것은 進退의 象이오 剛柔란 晝夜의 象이오 六爻의 動은 三極의 道이다.」

라고 하였다. 여기에 吉凶은 得失의 象·憂虞의 象·進退의 象·晝夜의 象이라고 한 것은 易의 모든 形態와 作用은 마침내 象으로써 集約된 것이다. 象의 性格이 그만치 重大하다는 것을 잘 파악하면 易書의 大義를 알게 될 것이다.

이런 뜻에서 易學은 「觀象哲學」이라 할 수 있다. 그러므로 同上二章에,

「君子가 居則觀其象而玩其辭하고 動則觀其變而玩其占하나니라」

라고 하였다. 君子의 日常生活에 觀象·觀變의 修鍊을 쌓는다는 것이다.

## 一〇. 陰陽交易의 妙理

위에서 卦名과 卦象에 대하여 밝혔지만 좀 더 根本을 推窮하면 卦가 어떻게 成立되었는가.

卦는 그을꽤字이니 陰陽爻를 그어서 그 陰陽二爻로써 卦를 形成한다。宇宙萬有가 生成變化하

는 原理를 陰陽으로 看破하고、그 陰陽을 ䷀二畫、곧 奇・耦로 表示하여 그것을 다시 三畫

으로 交合하여 八卦가 되고、그 八卦를 相乘하여 六十四卦가 되었으며、그 六十四卦로 自然界

와 人間界의 모든 現象과 變化의 形態를 說明하게 되었으니、易은 바로 이 陰陽의 交易・變易

의・法則을 밝힌 것이 그 要領이다。

그 要는 陰陽이 서로 사귀면 萬物이 生成하고 人事도 和合되어 萬事가 잘 이루어지는 징조

요、陰陽이 잘 사귀지 못하면 萬物・萬事가 이룩되지 못하는 징조임을 發明했다。그 一、二例

를 들면 ䷊泰卦는 乾下坤上으로서 말하자면 三陽은 下降하고 三陰은 上昇하여 陰陽이 바로

交際된 象이다。陽은 上昇의 氣요 陰은 下降의 氣인데、陽이 위에 있고 陰이 下에 있으면 陰

은 陰대로 陽은 陽대로 서로 分離되어 사귀지 못한다。마치 男女二性이 있다 해도 서로 交合

되지 못하면 夫婦가 될 수 없고 生成의 道가 끊인다。

泰卦는 天下太平象이오 萬事가 成就되며 平和・生成의 象이다。그것은 三陰・三陽이 서로

交際되어 陰陽相交・和合한 象이므로 泰라 하였다。

그와 反對로 ䷋는 乾上坤下로서 天氣와 地氣가 서로 사귀지 못하고 陽은 陽・陰은 陰 그대

로 分離한 現象이다。그러므로 「否」라고 하였다。否는 否(비)塞・不通・不和・乖離의 象이다。

卦를 긋는 法은 아래로부터 위로 그어올라가는데 初三畫은 內卦며 上三畫은 外卦가 된다。

그러므로 泰卦 象辭(卦의 大義를 말한 것)에、

「泰는 小往大來하니 吉코 亨하니라」

라고 하였다. 小는 陰이니 外로 가고 大는 陽이니 內로 왔다. 그러므로 吉하고 亨通한다고

斷決하였다. 그리고 象傳(곧 孔子의 解說)에,

「泰는 小往大來하니 吉亨이라 함은 곧 天地가 相交하여 萬物이 通함이다. 上下가 사귀어

그 뜻이 같다. 內陽而外陰하고 內健(乾性은 健함) 而外順(坤性은 順함)하고, 內君子而外小

人하니 君子의 道는 長하고 小人의 道는 消한다」

라고 해석했다. 天地가 서로 사귄다. 上下가 사귄다 함은 곧 外陰內陽하고 陰上・陽下한 象

이며 人事에 있어서는 陽性의 君子가 안으로 들어오고 陰性의 小人이 밖으로 나갔다. 그러므

로 君子가 得意하여 政治에 執權하고 小人은 밖으로 물러서는 象이므로 吉하고 亨通한다고

하였다. 그 要는 天地・陰陽・上下가 서로 사귀어 和合한 象이므로 그 卦辭・占辭가 그렇게

斷定된 것이다.

그와 反對로 否卦의 象辭에는,

「否는 大往小來하니 不利君子貞이니라」

고 한바 陽은 밖으로 가고 陰이 안으로 들어오니 君子의 貞에 不利하다 함이니 그런 때에는

君子가 正德을 지켜도 不利하다는 것이다. 小人이 得勢한 때이므로 그러하다.

象傳(孔子의 解說)에,

「否는 大往小來하니 不利君子貞이라 함은 곧 天地가 사귀지 못하므로 萬物이 通하지 못하

며 上下가 사귀지 못하므로 天下에 道가 없다. 內陰而外陽하며 內柔(陰) 而外剛(陽)하며

內小人而外君子하니 小人의 道는 長하고 君子의 道는 消니라」

고 하여 泰卦와 反對의 現象을 明示했다.

陰陽이 바로 사귀고 사귀지 못하는데 그러한 事象으로 나타난다는 것을 잘 알 수 있다.

이와 같은 例로 ䷾水火旣濟卦는 坎水가 위에 있고 离火가 아래 있다. 水火가 相交하여 水

昇火降하였으므로 萬事가 成就되는 象이다. (旣濟는 成就의 뜻임) 우리의 보통 常識으로는 물

이 위에 있고 불이 아래 있으며 물이 불을 이기어 불이 꺼질 象이니 不吉할 것같다. 그러나

그것은 陰陽調和의 原理를 모르는 妄斷이다. 易에서는 그런 常識의 範疇를 뛰어넘어서 天地

造化의 原理에서 본 것이므로 水上・火下하므로 陰陽이 相交하여 일이 成就되는 象이다. 이

卦象은 六爻가 다 上陰下陽 ䷾으로 되었다. 陰陽이 서로 交錯하면서 調和되었다.

그와 反對로 ䷿火水未濟卦는 火上・水下하여 陽火는 그대로 위로 發散하고 陰水는 아래로

沈降된다. 四時의 氣候로 보면 겨울에 해당된다. 太陽은 南回歸線의 極에 이르러서 陽은 陽

대로 위에 있고 線以外의 大地는 얼어붙는다. 萬物의 生氣는 凍結된다. 그것이 火水未濟의

象이다.

다시 實例를 들면 人體에 있어서 腎臟은 水요 心臟은 火이다. 腎水가 冷하고 心火가 過熱

하면 火는 上昇하고 水는 下降하여 心熱・腎寒하면 그것은 큰 病을 誘發하게 된다. 그러므로

모름지기 心火는 아래로 내리고 腎水는 上昇해야 氣血이 잘 調和되어 健康을 維持하게 된다.

그러므로 漢醫學에서 水昇火降·二神交濟를 매우 重視하는 理由가 여기에 있다.

이 泰·否·旣濟·未濟 四卦의 眞相만 잘 파악하면 易은 陰陽交·不交에 그 重點을 두고

있다는 것을 잘 알 수 있다.

그의 一例로 몇 卦를 더 소개하자. ䷞澤山咸은 兌上·艮下니 兌는 少女요 艮은 少男이

다. 少女와 少男이 서로 交感하였다. 咸은 感의 略稱이다. 이것은 少男·少女가 서로 咸應하

여 交合한 象이다. 그러므로 咸의 象辭에,

「咸은 亨하고 利貞하니 取女하면 吉하니라」

고 하였다. 咸은 取女 곧 장가들이 吉하다 하였다. 男女가 서로 사귀어 기뻐하는 象이므로

장가들면 吉하다고 하였다.

象傳(孔子의 解說)에,

「咸은 感이니 柔가 뒤에 있고 剛이 아래 있어서 二氣가 感應하여 서로 주고 받는다. 하나

는 제자리를 지키고 하나는 기뻐한다(止而說=止는 艮山이오 說은 悅이니 兌는 곧 悅을 뜻

한다.) 男이 女에 내려오니(男下女) 그러므로 亨하고 利貞(利貞은 正當하게 統合하는 것)하

며 取女하면 吉하다고 하니라.

天地가 感應하여 萬物이 化生하고 聖人이 人心을 感和하여 天下가 和平하나니 그 所感을

觀하면 天地萬物의 情을 可히 볼 것이다」

라고 하여 天地는 陰陽이 交感하므로 萬物이 化生하고 사람은 男女가 交感하므로 한 家庭을

이루어 子孫이 生生發展한다.



大象으로 볼적에 艮山은 높은 것인데 兌澤은 아래 있는 것이고 낮은 것

이 위에 處한 것이 交感의 象이 되지만 이 咸卦는 특히 少男·少女의 交感을 取象한 것이다.

이 咸卦를 反對로 하면 ䷨ 山澤損이 된다. 少男은 위에 있고 少女는 下에 處하여 서로 交

際가 되지 않으며 艮山은 위에 있고 兌澤은 아래 있어서 서로 隔離되었다. 그러므로 損이 된

다.

以上과 같은 몇가지 例로서 易은 陰陽이 서로 잘 交合하면 事物이 잘 調和되어 生成發展하

는 象이오, 서로 交際되지 못하면 破壞·消滅되는 象이라는 것임을 알 수 있다.

## 二、 卦名·取象의 類型

대체로 卦名을 짓는 것이 꼭 陰陽의 交·不交로 取象하는 것이 아니라 天·地·風·雷·水

·火·山·澤의 大象에서 取義한 것이 가장 많다. 例컨대, ䷌ 天火同人은 天은 三陽이 위에

있는데 火도 上昇하는 性質이 있으며 二爻의 陰이 五爻의 陽과 서로 應하면서 二爻는 陰으로

서 正位(二數는 陰인데 陰爻가 될 경우에는 正位가 됨)에 處하고 五爻는 陽인데 또한 正位

(五는 陽數임)에 處하여 陰陽이 서로 應하므로 同人 곧 좋은 同志가 서로 만나서 큰 일을 도

모할 수 있는 象이므로 「同人」이라 하였다.

그와 反對로 ䷅ 天水訟은 天의 三陽은 上行하고 水는 下行하니 天과 水가 相違하며 또 二

爻의 陽이 五爻의 陽과 맞서게 되므로 爭訟의 象이 된다. 그러므로 訟의 大象傳(孔子解라함)

에、

「天이 水와 더불어 어그러지게 行함이 訟이다」

라고 하였다. ☰☱天澤履는 天은 上位에 있고 澤은 下位에 位置를 지키므로 「履」

라하니 履는 禮와 같은 것이다. 天水가 서로 違反하는 것과 다르다. 그러므로 大象傳에 「上

天下澤이 履니 君子가 그 理法을 써서 上·下(秩序)를 分別하고 民志를 定한다」라고 하였다.

☶☱天山遯은 天澤履와는 달리 艮山이 二陰이 內에서 生長하므로 進取의 象이 아니고 君子

가 隱遯할 때이다. 天下에 艮山이 止在(艮은 止의 性이 있음)한 象이므로 遯이 된다.

이와 같이 ☲☱火澤睽(睽는 「흘겨볼규」字이니 서로 미워하여 疾視하는 것)는 火는 上行하

고 澤은 下行하니 天水訟과 같이 서로 乖離하는 象이오 ☱☲澤火革은 离火와 澤金(兌는 金이

됨)이 서로 交際하여 能히 革新의 業을 성취하게 된다.

이와 같이 六十四卦名의 取象은 대체로 陰陽의 交·不交와 大象(天·地·水·火 등)의 性質

로써 그 名義를 規定하게 되었다. 여기에서 일일이 解明하지 않드라고 推類하여 알 것이다.

## 三、太極과 兩儀의 原理

易은 宇宙萬有의 根本原理를 陰陽二性으로 規定했다. 一爻를 陽·二爻를 陰으로 表示하였

다. 그것을 三畫으로 한 것이 八卦와 八卦를 相乘한 것이 六十四卦며 六十四卦는 각기 六爻가

있다보니 三百八十四爻이다。 그러나 그 基本은 ──一爻로 조직된 것이다。 곧 陰·陽爻가 각

기 一百九十二爻이다。

이 宇宙間의 千態萬像·千變萬化의 原理를 陰陽二性으로 規定하였다는 것이 易哲學(또는

科學)의 出發點이다。 그리고 다시 陰陽의 本源을 推窮하면 一氣이다。 繫辭에、

「易有太極하니 是生兩儀하고 兩儀가 生四象하고 四象이 生八卦라」

고 한 文段을 生成論的으로 본다면 太極을 宇宙의 本體라고 하겠는데 太極이 兩儀 곧 陰陽을

生했다고 하면 太極은 陰陽二性이 갈라지기 以前의 存在이다。 그것이 陰陽을 生했다면 그것

은 一氣일 것이다。

宋代의 性理學에서는 太極을 一理이다。 또는 一氣이다라고 하지만 易의 原典에는 氣라거나

理라는 名辭를 쓸데가 없다。 陰陽二爻로 구성된 象辭·爻辭일 뿐이다。

그러나 繫辭十一章에서 「易有太極」이라 하였고 同五章에 「一陰一陽之謂道」라고 한바 한번

陰되고 한번 陽되는 것을 道라고 한바 一陰·一陽을 道라고 함이 아니고 一陰·一陽되는 그

까닭을 道라고 함이다。

繫辭上十二章에서는、

「形而上者를 謂之道요 形而下者를 謂之器라」

고 한바 道는 무엇이냐? 朱子는 해석하기를、

「卦爻와 陰陽은 다 形而下者요 그 理는 道이다」

라고 하였고 程子는 「有形은 다 器이고 無形은 道라」고 하였다. 그러나 陰陽의 本體도 無形이니 그것을 形而下라고 볼 수 있느냐가 문제된다. 道는 곧 無形・無迹의 理라

어쨌든 陰陽兩性의 未分以前을 太極이라고 하고 그것을 一氣, 또는 道理라고 본 것이 宋儒

의 學說이다.

그런데 李石谷과 같은 學者는 太極・兩儀・四象・八卦 등은 探蓍作卦의 儀式으로 본 것이

또한 그런 理由가 있다.

要컨대 宇宙間에 처음부터 陰陽二性이 分立되어 있든 것이 아니라 一氣가 있었다. 그것이

陰陽二性으로 나눈 것이니 마치 오늘에 널리 쓰이고 있는 電氣다 陰性・陽性이 따로 있는 것

이 아니라 그것을 應用하는데 十一兩性으로 接線하므로 그 用을 나타내는 것과 같다.

어쨌든 《周易》에서는 陰陽二元的인 原則에서 一(푸라스) --(마이나스)로 보고 그것을 剛柔

二性으로 나누고 그것이 서로 交合하므로 進退의 變化를 일으키므로 晝夜・四時로 변천하여

萬有가 生長消滅하는 原理를 究明하여 그 必然의 法則으로 六十四卦・三百八十四爻의 變化를

가져온 것이다.

그러나 그 陰陽은 마침내 一氣이다. 그 一氣未分 以前의 原理를 形而上의 道라하고 또는 太

極이라하며 一陰하고 一陽하는 造化의 本源을 삼은 것이다. 宋學에서는 太極은 一理다. 또는

一氣다 이 理가 있는 곳에 이 氣가 있고 이 氣가 있는 곳에 이 理가 있다하여 실은 理氣不二

의 混然一體를 太極이다 道다라고 한 것이다.

## 一三、 三畫卦의 原理

易은 陰・陽二性을 一奇二耦二의 二爻로 表示하여 그 陰陽二性의 交際・錯綜으로 六十四

卦가 成立되었다는 것은 여러번 말한 바이어니와 그것이 三畫으로 交合하여 八卦가 되었으니

왜 何必・三畫卦가 되었는가 이 三畫卦가 形成됨데 큰 妙理가 있다.

그 原理는 陰은 陰 陽은 陽으로 서로 對立되거나 各其・獨存・獨立되어 있다면 아무런 變

化가 없을 것이고 變化가 없다면 萬物의 生成과 萬事의 變遷이 없을 것이다.

마치 여기에 한 男性, 한 女性이 있는데 서로 分離하여 있다면 그가 夫婦가 될 수 없고 夫

婦의 結合없이 한 一家를 이루어 子女를 生産하지 못할 것이다. 그러므로 男女는 서로 結合

하므로 同居生活이 있고 그러므로 서로 交合하여 子女를 生産하여 生生發展의 功을 이룩하는

것이다.

陰・陽二性이 서로 交合하므로 모든 變化를 일으키고 生成의 造化를 이룩하고 二性이 分離

하고 交際되지 못하므로 消滅・破壞의 現象을 나타내는 것이다.

그것은 現代科學에서도 原子를 구성하는데 荷陰電子가 陽子核을 싸고 돈다. 그 電子와 陽

子가 서로 分離되지 않고 結合作用을 하고 있다. 그렇게 結合시키면 電子가 陽子를 싸고 도

는 作用을 하는 것은 中性子이다. 中性子는 陰性만도 아니고 陽性만도 아닌 中性이므로 陰陽

二性을 調和하여 서로 分離되지 않게 한다。 그 作用으로 原子를 形成한다.

原子는 宇宙萬有를 구성하는 原素인데 그것이 陰電・陽電・中性子의 三合으로서 組織되었

다。그것이 바로 周易의 三畫卦의 原理이다。

陰陽을 和合시키고 또 分離시키는 媒介體가 있어야 變化를 일으키고 生成消滅의 造化를 일

으킨다。

그러므로 三畫卦가 되어야 千變萬化의 造化를 일으키는 것이 易의 가장 基本的原理이다。

그것이 곧 現代的 原子의 原理와 合致되는데 東洋聖者는 三千年前에 이 電子・陽子・中性

子의 原理를 發見하였다는 것이 놀라운 일이다。

또 老子에는、

「道가 一을 生하고 一이 二를 生하고 二가 三을 生하며 三이 萬物을 낸다」

라고 하였다。道는 易에서 말하는 太極이며 形而上의 道일 것이며、一은 陰陽未分의 一氣며、

二는 陰陽이며、三은 陰・陽・中性子의 三合이다。老子의 說도 周易의 三畫卦와 같은 것이다。

이러한 原理에서 東洋聖者는 三千年前에 이미 現代의 原子原理를 명확히 發見하였다는 그

叡智에 우리는 머리를 굽혀야 되겠다。

## 一四、六畫卦의 原理

三畫卦는 陰陽과 그 媒介體인 一畫을 더하므로 三畫이 되었거니와 六畫卦는 그 三畫卦를

相乘한 것인데 說卦傳第二章에、

「옛적에 聖人이 易을 지을 적에 장차 性命의 理를 順함이라 이르므로, 天의 道를 세우니 陰과 陽이오, 地의 道를 세우니 柔와 剛이오, 人의 道를 세우니 仁과 義이다. 三才를 겸하여 兩으로 하므로 六畫으로 卦를 이루었다. 陰·陽을 나누어 서로 剛柔를 쓰므로 易은 六位로써 章을 이룬다」

라고 하였다. 天道·地道·人道에 각기 陰陽·剛柔·仁義 二義를 겸하였으므로 六位가 된다고 하였다.

그리고 八卦를 基幹으로 하여 그것을 相乘하니 반드시 二畫卦가 되는데 內卦와 外卦가 서로 對應하여 그 位에 따라 事象이 달라지며 吉·凶·悔·吝을 판단하게 된다.

一五、先天·後天의 區分

예로부터 易學에 있어서 先天·後天說이 있었다. 易 說卦傳(孔子說云)에 (二章),

「天地가 位를 定하고 山澤이 通氣하고 雷風이 서로 薄(相迫相突)하고 水火가 서로 射(克)하지 못하여 八卦가 相錯한다」

라고 한바, 이것은 이른바 先天八卦의 位置를 말함이다. 邵康節의 斷定이다.

이것은 乾南·坤北·離東·坎西·震東北·巽西南·艮西北·兌東南으로 八卦의 位置를 定한 것이다.

이것을 先天學이라고 한다. 이것은 八卦가 각기 제 位置를 차지하고 있는 것이다. 乾南·坤

北·离東·坎西는 八卦中 天地는 上下(南北)의 자리를 차지하고 水火는 正東·正西에 位置하므로 天地·水火가·大宇宙의 正位를 占한 것이 自然의 大原則이다。 그리고 震은 東北·巽은 西南·艮은 西北·兌는 東南 다시 말하면 天地·日月(离坎은 水火인 同時에 日月임)이 東·西·南·北의 正位에 해당되고 雷는 東北·風은 西南에서 그 功用을 나타낸다。 그리고 西北에는 山이 많고(艮山) 東南에는 大澤(海)이 많다。 이것은 天地自然의 大原則이다。

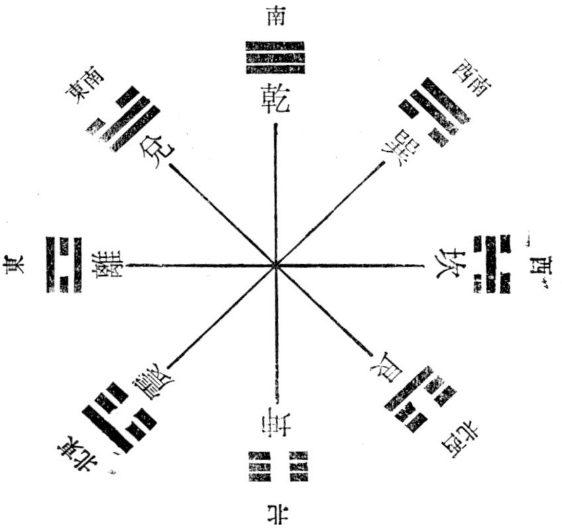


이와 같이 先天八卦는 宇宙의 原則을 表示한 것으로서 易의 體가 된다고 본다。

다음 同五章에、

「帝가 震에 나와서 巽에 齊(整齊)하며 离에서 서로보며(相見乎离)坤에 致役하며 兌에 說言하며 乾에 戰하며 艮에 成言한다。

萬物이 震에서 나니 震은 東方이오、巽에 整齊하니 巽은 東南이다。 齊는 萬物이 潔齊함이다。 離는 밝음이니 萬物이 다 서로 보나니 南方卦이다。 聖人이 南面하고 天下의 政事를 들으며 明을 向해 다스리니 대개 여기에서 取함이다。 坤은 地니 萬物이 다 致養하기 때문에 坤에 致役한다 하였다。

兌는 正秋니 萬物이 다 즐거워한다(說은 古代에 悅字와 通用함)。 그러므로 兌에 說言한다고 함이다。乾에 戰한다함은 乾은 西北卦니 陰陽이 相薄(衝突)하기 때문이다。坎은 水니 正北方卦이니 勞卦이다。萬物이 돌아가는 곳이다。그러므로 坎에 勞한다고 하였다。艮은 東北卦니 萬物이 끝맺고 또 始作하므로 艮에 말을 이룬다고 하였다」

바 이것을 後天卦圖라고 한다。곧 다음과 같다。

이것이 이른바 文王의 後天卦位라고 한다。

위와 같은 先天・後天卦位는 要는 先天은 自然界의 生成原則을 表示함이오, 後天은 人文政敎의 用事를 表示함이다。

이에 대한 것은 解說하려면 많은 事緣이 있으므로 省略한다。

## 一六、八大自然現象의 妙用

위에서 밝혀온바와 같이 八卦는 卦體요、天・地・水・火・風・雷・山・澤 등 八物은 自然界에서 八卦의 實德을 代表한 物象이다。

대체로 우리 周圍를 둘러싸고 있는 自然現象은 天·地·風·雷·水·火·山·澤의 八大物

象이다。이 八物이 自然界의 造化基本으로서 그 德用에 있어서 說卦傳에,

「神이란 萬物을 妙하게 이룩하는 것을 말함이다。萬物을 움직이는 것은 우뢰보다 빠른 것

이 없고 萬物을 흔드는 것은 바람보다 빠른 것이 없고, 萬物을 덥히는 것은 불보다 뜨거운

것이 없고, 萬物을 즐겁게 하는 것은 澤보다 더한 것이 없고, 萬物을 윤택하게 하는 것은

물보다 더한 것이 없고, 萬物을 끝맺고 始作하는 것은 艮보다 盛한것이 없다。水火가 서로

돕고(相逮=相及相助의 뜻) 雷風이 서로 어그러지지 않으며 山澤이 通氣한 然後에 능히 변

화하여 萬物을 이룩하느니라。」

라고 하였다。天·地·風·雷·水·火·山·澤에 있어、人物은 天地의 큰 功用으로 千變萬化

의 基本이 되어 萬物을 生成하는 造化의 工匠이다。

그러므로 乾·坤·坎·离 등은 하나의 象徵的 名辭이고 ䷀䷁ 등은 그 實體이며、天·

地·水·火 등은 實質的인 功用이다。그러므로 天·地·水·火·風·雷·山·澤은 八卦의 實

德을 表象한 物象으로서 乾坤䷀䷁ 否를 天地否라 하고 ䷾坎离旣濟를 水火旣濟로 稱號하는 이

유가 여기에 있다。

그러므로 八卦의 實德을 얼른 파악하려면 自然界에서 八大象을、六親에서 父·母·三子·

三女 등의 現象을 먼저 파악하는 것이 肝要하다。

## 一七、맺는 말

위에서 易理의 概要로서 易學을 工夫하려는 이의 案內書로서 十七章 要義를 대략 論述했다.

혹은 「河圖・洛書」를 易의 原理를 闡明한 큰 材料로 취급하는데, 그 圖는 宋代에 이룩된 것이며, 다만 五行相生相克의 理를 밝힌 것으로서 八卦와 何等의 관계가 없다. 그러므로 近年 易學의 大發明者이신 金凡父(鼎卨)先生은 河圖・洛書는 周易과 別個의 것으로 하여 八卦의 範疇 속에 넣지 않았다.

여기에서 우선 易學入門으로서 위의 것을 敍述할 뿐 그 具體的인 것은 따로 工夫해야 할 것이다.

現代四柱推命學

| 初版 1刷 發行●1985年 | 1月 | 30日 |
| 2 版 1刷 發行●1993年 | 3月 | 20日 |
| 2 版 2刷 發行●2004年 | 9月 | 23日 |

著　者●曺　誠　佑

發行者●金　東　求

發行處●明　文　堂

서울특별시 종로구 안국동 17~8
대체　010041-31-001194
전화　(영) 733-3039, 734-4798
　　　(편) 733-4748
FAX 734-9209
Homepage www.myungmundang.net
E-mail mmdbook1@myungmundang.net
등록　1977. 11. 19. 제1~148호

●낙장 및 파본은 교환해 드립니다.
●불허복제 • 판권 본사 소유.

정가는 표지에 표기되어 있습니다.
ISBN 89-7270-169-6　14150